Zusammen wachsen

Gedanken – Geschichten – Gebete

D1730444

Waldemar Wolf / Renate Spennhoff
(Herausgeber)

Zusammen wachsen

Gedanken – Geschichten – Gebete

Aussaat Verlag, Neukirchen-Vluyn
Verlag Katholisches Bibelwerk GmbH, Stuttgart

Im Auftrag der

·A·M·D·

Arbeitsgemeinschaft Missionarische Dienste
im Diakonischen Werk der EKD

1. Auflage 1999
© 1999 Aussaat Verlag Verlagsgesellschaft des
Erziehungsvereins mbH, Neukirchen-Vluyn
und Verlag Katholisches Bibelwerk GmbH, Stuttgart
Druck: Ebner, Ulm
Printed in Germany
ISBN 3-7615-5089-8 (Aussaat Verlag)
ISBN 3-460-31641-1(Verlag Katholisches Bibelwerk)

Inhalt

Vorwort

Wachsen ist ein Prozeß. Nichts, keine Blume, kein Tier, kein Mensch, keine Gemeinschaft ist ohne Wachstum denkbar. Was nicht wächst, geht mit der Zeit ein. Was wächst, blüht mit der Zeit auf. Mit der Zeit – das heißt, wachsen dauert. Es muß wohl gefördert werden, aber nicht mit Gewalt.

Kein vernünftiger Landwirt zieht die jungen Halme nach oben, wenn sie aus der Erde auftauchen. Eltern, die ihren Kindern keine Zeit lassen, sich zu entwickeln, und ihnen schon im Kindergarten Lesen und Schreiben beibringen, handeln nicht verantwortungsvoll. Und auch jede Form von Gemeinschaft braucht Zeit zum Wachsen. Es muß auf unterschiedliche Denkweisen und Gefühlslagen Rücksicht genommen werden. Das gilt überall, wo Menschen zusammen leben oder zusammen arbeiten, wo sie die Welt im kleinen oder im großen gestalten. Schwaches muß geschützt und aufgerichtet werden, damit es mitwachsen und überleben kann.

Solche Worte klingen unrealistisch, weltfremd, vielleicht sogar gesponnen. Wir leben im Zeitalter der Globalisierung. In der Wirtschaft zählt nur das Starke. Börsendaten sind die wichtigsten Nachrichten. Die Zeit, in der lebenslang ein Beruf ausgeübt wurde, ist vorbei. Heute wird von einem Job zum anderen gewechselt. Wer nicht mithalten kann, bleibt auf der Strecke, wird arbeitslos.

Zusammen wachsen paßt nicht in unsere Zeit, aber es paßt zu Gottes neuer Welt. Davon reden die Gedanken, Geschichten und Gebete dieser Anthologie, die wieder der Heftreihe »Für jeden neuen Tag« entnommen wurden. Gott will, daß alle Menschen und alle Geschöpfe miteinander leben können. Und so gilt das Wort von Gustav Heinemann auch für das dritte Jahrtausend: »Wer heute nur für sich selbst sorgen will, verspielt mit der Zukunft anderer auch seine eigene.«

Wer auf eine andere Welt hofft, kann mit Hanns Dieter Hüsch beten: »Im übrigen meine ich, daß Gott uns das Geleit geben möge immerdar auf unserem langen Weg zu unserer Menschwerdung. Er möge in unsere Stuben kommen und unsere Habseligkeiten segnen..., ja er möge sich zu uns an den Tisch setzen und erkennen, wie sehr wir ihn alle brauchen, überall auf der Welt.«

Leben gestalten

Wachsen ─────────────────

Was wächst, wächst still.

Das gibt sich –
sagen schwache Eltern von den Fehlern ihrer Kinder.
O nein, es gibt sich nicht – es entwickelt sich.

Marie von Ebner-Eschenbach

„Oh Mirjam, da hast du aber ein schönes Bild gemalt!"
„Ach Mama, wenn du mal klein bist, kannst du das auch."

Das ist des Menschen Ruhm, zu wissen, daß unendlich sein
Ziel ist, und doch nie stillezustehn im Lauf. Nie werde ich mich
alt dünken, bis ich fertig bin. Nie werde ich fertig sein, weil ich
weiß und will, was ich soll. Bis ans Ende will ich stärker werden und lebendiger durch jedes Handeln.

Friedrich Schleiermacher

Bewahre mich vor dem naiven Glauben, es müßte im Leben
alles glatt gehen. Schenke mir die nüchterne Erkenntnis, daß
Schwierigkeiten, Niederlagen, Mißerfolge, Rückschläge eine
selbstverständliche Zugabe zum Leben sind, durch die wir
wachsen und reifen.

Antoine de Saint-Exupéry

Wir wollen uns, von der Liebe geleitet, an die Wahrheit halten und in allem wachsen, bis wir ihn erreicht haben. Er, Christus, ist das Haupt.

Epheser 4, 15

Nein, das Leben geht nicht einfach weiter! Es will wachsen und reifen für den, der es uns geschenkt hat.

„Weißt du, ob dein Großvater deine Großmutter aus Liebe geheiratet hat?" fragte mein afrikanischer Freund.
Nein, das wußte ich genau.
Meine Mutter hatte es öfter erzählt, wie ihr Vater eines Tages als Witwer mit fünf kleinen Kindern dastand. Daß er meine Großmutter heiratete, war nicht die ganz große Liebe. Er brauchte eine Mutter für seine Kinder und eine Meisterin im Handwerkshaus.
„Hast du deinen Großvater am Grab deiner Großmutter gesehen, und willst du behaupten, er hätte sie nicht geliebt?" fragte der Afrikaner.
Da erinnerte ich mich an den naßkalten Novembertag des Jahres 1942 auf dem kleinen Friedhof im Heimatdorf meiner Mutter: Ich sah den gebückten alten Mann im schwarzen Mantel mit Krimmerkragen an dem offenen Grab stehen und um Fassung ringen. Und als ich mich daran erinnerte, hatte ich keine Zweifel mehr, daß es in der Ehe meiner Großeltern die Liebe gab.

Wilhelm Alfons

Warten

Wer warten kann, hat viel getan.

Ein Mensch, der sich für stark gehalten,
versuchte, einen Klotz zu spalten.
Doch schwang vergebens er sein Beil:
Der Klotz war gröber als der Keil.
Ein zweiter sprach: Ich werd's schon kriegen!
Umsonst – der grobe Klotz blieb liegen.
Ein dritter kam nach Jahr und Tag,
dem glückt' es auf den ersten Schlag.
War der nun wirklich gar so forsch?
Nein – nur der Klotz ward seitdem morsch.

Eugen Roth

Die Schule hatte Nachteile, aber John war fest davon überzeugt, daß man an jedem Ort der Welt irgend etwas für das Leben lernen konnte, also auch in der Schule. Selbst wenn dem nicht so war, kam Flucht nicht in Frage. Es mußte gewartet werden – wenn nicht aus Lust, dann aus Klugheit.

Sten Nadolny

„Laß nur erst mal wieder Frühling sein." Mit diesem Satz leben viele Menschen an den Schönheiten der Winternatur vorbei. Nicht nur der Winter, sondern fast alle Gegenwart ist ja für die meisten ein Wartesaal erster oder zweiter Klasse. Allem Hohen und Frohen, was sich an ihnen versucht, reichen sie nur mit halbem Vorbehalt die Hand, indem sie denken: Erst muß dieser oder jener Druck noch von mir genommen sein, dies oder jenes erreicht oder gesichert werden, dann gehöre ich dir recht.

Karl Foerster

Gib, Herr, daß ich warten kann.
Bewahre mich vor der Angst,
ich könnte das Leben versäumen.

Herr K. wartete auf etwas einen Tag, dann eine Woche, dann
noch einen Monat. Am Schlusse sagte er: „Einen Monat hätte
ich ganz gut warten können, aber nicht diesen Tag und diese
Woche."

Bertolt Brecht

Verlernt hama's Wartn auf de Blumen im Garten,
auf de Früchte am Baum, denn Zeit hama kaum.
Mir samma heut heller, im Treibhaus gehts schneller.
Dabei merkt ma net, daß manches net geht.
Mia wern uns darenna, weil ma wartn net kenna.
Am Streß is bloß schuid, uns fehlt de Geduid.
Drum müaßat ma startn und wieder as Wartn
's Zeitlassn probiern. Geduid eitrainiern.
Aber glei auf der Stell und möglichst ganz schnell!

Helmut Zöpfl

Sie hörten mir zu und schwiegen und warteten auf meinen
Rat. Nach meinen Worten redete niemand mehr, und meine
Rede troff auf sie nieder.
Sie warteten auf mich wie auf den Regen und sperrten ihren
Mund auf wie nach Spätregen. Wenn ich ihnen zulachte, so
faßten sie Vertrauen, und das Licht meines Angesichts tröstete
die Trauernden.

Hiob 29, 21–24

Zuhören

Zuhören ist die Kunst des Gesprächs.

Verwirf nichts, ehe du es untersucht hast;
erst prüfe, dann magst du's bestreiten.
Antworte nicht, ehe du zugehört hast,
und unterbrich die Rede des anderen nicht.

Jesus Sirach 11, 7.8

Längst hörte Eibenschütz nicht mehr zu. Es tat ihm aber wohl,
daß ein Mensch neben ihm redete, ähnlich, wie es manchmal
einem wohltut, wenn es daherregnet und man versteht auch
die Sprache nicht, die der Regen redet.

Joseph Roth

An jenem Abend bemerkte ihn Julien Serguet in der Menge.
Er ging zu ihm hin, schaffte es, mit ihm zu sprechen. Ihm
zuzuhören vielmehr. Eine von Juliens herausragenden Eigen-
schaften war nämlich seine Bereitschaft, seine unbegrenzte
Fähigkeit, den Berichten der anderen aufmerksam zuzuhören.
Er konnte so gut und mit solcher Leidenschaft zuhören, daß
seine Gesprächspartner manchmal den Eindruck hatten, er
habe ihnen treffende Dinge gesagt.

Jorge Semprun

Mehr zu hören als zu reden,
solches lehrt schon die Natur.
Sie versah uns mit zwei Ohren,
doch mit einer Zunge nur.

Gottfried Keller

Wie wohltuend ist ein Mensch, der zuhören kann. Deshalb wird ihm auch viel Sympathie entgegengebracht. Wer zuhören kann, hört hin auf das, was der andere sagt, hört sich ein in das, was ihm fremd erscheint. Er kommt nicht gleich mit Einwänden, Kritik oder Vorschlägen.
Er nimmt zunächst nur auf, was der andere sagt, nimmt ihn mit (inneren) offenen Armen auf. Und der andere fühlt sich angenommen.
Wer zuhören kann, entbindet in dem, der spricht, nicht selten gute Erinnerungen und neue Einsichten, befreiende Selbstkritik und ermutigende Selbsterfahrungen und manches andere mehr.
Wer zuhören kann, gibt dem anderen Zeit und Raum und für die Dauer des Gesprächs auch Heimat.

Uwe Böschemeyer

Fehlt euch etwas, wohlan, schüttet eure Herzen vor Gott aus, klaget's nur frei; berget ihm nichts, es sei, was es wolle. Er hört's gern, will auch gern helfen und raten. Scheuet euch nicht vor ihm und denket nicht, es sei zu groß oder zu viel.
Getrost heraus, und sollten's eitel Säcke voll Mangels sein, alles heraus. Er ist größer und vermag und will auch mehr tun, er ist kein Mensch, dem man könnte zuviel Bettelns und Bittens vormachen. Je mehr du bittest, je lieber er dich hört. Schütte nur rein und alles heraus, tröpfle nicht, denn er wird auch nicht tröpfeln, sondern mit Flut dich überschütten.

Martin Luther

Unterscheiden

Anders zu sein, ist das Schicksal eines jeden Menschen, doch nur am anderen wird es bemerkt.

Friedrich Schwanecke

An ihrem fündundsiebzigsten Geburtstag sagte ein Freund zur Fürstin Pauline Metternich: „Was sind denn fünfundsiebzig Jahre!" „Nicht viel für eine Kathedrale", erwiderte sie, „aber bei einer Frau beginnt es zu zählen".

Ach, daß ich, wenn's drauf ankommt,
im Gegner den Bruder,
im Störer den Beleber,
im Unangenehmen den Bedürftigen,
im Süchtigen den Sehnsüchtigen,
im Säufer den Beter,
im Prahlhans den einst Gedemütigten,
im heute Feigen den morgen Mutigen,
im kleinen Mitläufer den morgen Geopferten,
im Schwarzmaler den Licht- und Farbenhungrigen,
im Gehemmten den heimlich Leidenschaftlichen
erkennen könnte!
Leicht ist das nicht.
Es bräuchte, o Gott, die Gegenwart deines Geistes!
Und wie schaffe ich, der Ängstliche, es,
im Lauten den Leisetreter,
im Arroganten den Angsthasen,
im forschen Behaupter den Ignoranten,
im Auftrumpfer den Anpasser
zu entlarven?
Auch das, auch das gehört zur Liebe, wie Jesus sie lebte.

Kurt Marti

Seine Mutter und seine Brüder versuchten einmal, Jesus zu sprechen. Aber es drängten sich so viele Menschen um ihn, daß sie nicht zu ihm durchkommen konnten.
Sie ließen ihm ausrichten: „Deine Mutter und deine Brüder stehen draußen und wollen mit dir reden."
Jesus antwortete: „Jeder, der Gottes Wort hört und danach lebt, ist für mich Bruder und Mutter."

Lukas 8, 19–21

Wir
haben uns nichts vorzuwerfen
wir
wissen was wir tun
Die anderen
ja die anderen
das Übel
Wir
wohnen im Weihrauch
das Vaterunser
beschuldigt uns nicht
Wir
eine reiche Gemeinde
zahlreich
gut gerüstet
gegen die anderen
hinter dem Zaun
Die anderen Übeltäter
wissen nicht was sie tun

Rose Ausländer

Die einen erkennt man an ihren Taten,
die anderen an ihrem Getue.

Kämpfen

Wer keinen Mut zum Träumen hat,
hat keine Kraft zum Kämpfen.

Es wird kommen der Tag,
da verlasse ich, zaghaft
zuerst, dann beherzt
meine einsame Insel.
Wage mich endlich hervor
aus dem bewährten Versteck
und der sicheren Deckung,
fast ohne Angst und ohne
noch einmal mich umzusehn.
Meine Rüstung tue ich
ab und alle die Waffen,
das Wenn und das Aber
und steige ins Boot.
Wehrlos werde ich sein
und verwundbar, ich weiß,
auf dem offenen Meer
und einzig beschützt von der Liebe.

Lothar Zenetti

Eine Wurzel aller bösen Dinge ist die Geldgier; und etliche,
die sich ihr ergaben, sind vom Glauben abgeirrt und haben sich
selbst mit vielen Schmerzen durchbohrt. Du aber, o Mensch
Gottes, fliehe dies, jage aber der Gerechtigkeit nach, der Frömmigkeit, dem Glauben, der Liebe, der Geduld, der Sanftmut!
Kämpfe den guten Kampf des Glaubens, ergreife das ewige
Leben, zu dem du berufen worden bist und das gute Bekennt-
nis abgelegt hast vor vielen Zeugen!

1. Timotheus 6, 10–12

Ein Jude kam zu seinem Rabbi und fragte: „Rabbi, Sie sind ein sehr weiser Mann, sagen Sie mir, wird es einen Krieg geben?" „Es wird keinen Krieg geben", antwortete der Rabbi, „aber es wird einen solchen Kampf um den Frieden geben, daß kein Stein auf dem anderen bleibt."

Herman van Veen

Die Verzweiflung besteht darin, nicht zu wissen, warum man kämpft, und doch kämpfen zu müssen.

Albert Camus

Schon wieder
stand ich
mir selber im Weg.
„Laß mich durch!"
schrie ich mich an.
Ich schwieg.
Als ich sah,
daß ich an mir
nicht vorbeikam,
schlug ich mich
mit mir.
Ich siegte.
Ich verlor.
Schließlich nahm ich
mich selber
an die Hand
und wir gingen
den ersten Schritt.

Jochen Mariss

Mitfühlen

Setze dich an die Stelle des anderen und den anderen an deine Stelle – das ist die einfachste Regel für jedes nur denkbare Tun.

Mitgefühl steht höher noch als Mitleid, denn es umfaßt auch die Mitfreude, zu der es bei vielen mitleidigen Seelen nicht reicht.

Karl Foerster

Er trank die Suppe schnell hinunter, sie war heiß und dünn, schmeckte aber herrlich; vor allem war sie heiß; er spürte, daß ihm die Tränen ins Gesicht stiegen, ohne daß er es verhindern konnte.
Er stellte den Napf auf den Rand des Kessels und ging zur Tür. Im Gesicht der Schwester sah er etwas, das kein Mitleid war, es schien Schmerz zu sein, eine Art abweisender Teilnahme und kindlicher Zärtlichkeit. „Haben Sie sehr großen Hunger?" sagte sie. Er nickte. „Wirklich?" Er nickte nochmals heftiger. „Augenblick…"
Sie ging zum Tisch, der in der Küchenbaracke stand, und einen Augenblick lang, als er sah, daß sie eine Schublade öffnete, hoffte er, sie würde ihm Brot geben, aber er sah nur, daß sie einen Zettel herauszog, den sie sorgfältig glättete und ihm überreichte. Er las „Gutschein für ein Brot". „Danke", sagte er leise.

Heinrich Böll

Die Verfügbarkeit des Mitgefühls ist häufig außerordentlich beschränkt; manchmal auch sehr rasch erschöpft. Und es ist ein sehr großer Irrtum zu glauben, hundertfaches Elend sei hundertmal ergreifender als ein einziges.

André Gide

Es sagte ein Philosoph zu einem Straßenfeger: „Ich bedaure dich. Hart und schmutzig ist dein Tagwerk." Und der Straßenfeger sagte: „Vielen Dank, Herr. Aber sage mir, was für Arbeit tust du?" Der Philosoph antwortete: „Ich studiere des Menschen Geist, seine Taten und sein Verlangen." Da fuhr der Straßenfeger fort zu fegen und sagte mit einem Lächeln: „Ich bedaure dich auch."

Kahlil Gibran

Vor vierzig Jahren haben wir Millionen Flüchtlinge in Westdeutschland aufnehmen müssen und können, in einer Zeit, in der wir nicht eines der reichsten Länder der Welt waren. Wer sich dies klar macht und dann hört, mit welcher Frechheit auch offizielle Stellen den Fremdenhaß schüren und Asylsuchende schlimmer als das Vieh behandeln, dem steigt die Schamröte ins Gesicht.
Ich hoffe, es wird uns zu mehr Menschlichkeit ermutigen und denen, die vergessen wollen, was wir noch vor einem halben Jahrhundert angerichtet haben, wenigstens das Handwerk erschweren, wenn wir an die Quellen denken, die ohne zu zögern aussprechen ließen, was uns heute noch bindet: „Dein Fremdling, der in deinen Toren ist" (2. Mose 20, 10).

Heinrich Albertz

Reiche dem Armen deine Hand, damit du reich gesegnet wirst. Erfreue jeden, der lebt, mit einer Gabe, ja, erweise auch den Toten deine Freundlichkeit. Laß die Weinenden nicht ohne Beistand, sondern traure mit den Trauernden. Laß dich's nicht verdrießen, die Kranken zu besuchen; denn dafür wird man dich lieben.

Jesus Sirach 7, 36–39

Vergeben

Vergebt, und euch wird vergeben.

Lukas 6, 37

Es ist wohl recht gut mit dem Schweigen und Vergeben und Vergessen. Das beste ist und bleibt es, auch in Kleinigkeiten, sonderlich wenn einer es fröhlich tun kann. Denn einen fröhlichen Geber und Vergeber hat Gott lieb.

Matthias Claudius

Hast du jemandem weh getan, warte nicht bis morgen, sag ihm heute noch: Es tut mir leid.

Petrus Ceelen

Aus Liebe vergeben. Herr, wie kann ich das?
Wie oft vergebe ich mit Gedanken der Resignation:
Es wird ja doch nichts anders!
Mit Gedanken der Geringachtung:
Mehr ist eben von ihm nicht zu erwarten!
Mit Gedanken der Überheblichkeit:
Mir könnte so etwas nicht passieren!
Mit Gedanken der Berechnung:
Wenn ich hart bleibe, wird es seine Folgen haben!
Mit Gedanken der Gleichgültigkeit:
Tu doch, was du willst!
Immer wieder wende ich mich
in meiner Vergebung vom anderen ab.
Wo ist die Liebe (Vater, vergib ihnen),
mit der du dich deinen Folterknechten zuwendest,
denn sie wissen nicht, was sie tun!

Isolde Lachmann

„Ich habe viel Gelegenheit gehabt, in den letzten Monaten über mich nachzudenken. Und über euch", sagt er stockend. „Ich bin hart gewesen. Zu mir. Und zu euch. Viel zu hart." Seine Stimme bebt.

Nein, ich will das nicht hören. Was sollen Schuldgeständnisse. Nichts wird ungeschehen gemacht dadurch.

„Kann man das vergessen?" fragt er. Empörung fährt mir in die Glieder. Vergessen! Auslöschen. So, wie er mich zwölf Jahre lang ausgelöscht hat. Wie ich diese Art hassen gelernt habe: Konflikte vergessen, verdrängen, nicht bewältigen, nicht klären. Und was heißt „man"? Kann er mich nicht direkt ansprechen?

Und ich blicke ihn an, diesen Mann. Ich nehme etwas wahr in diesem zerfurchten, gemeißelten Gesicht. Ich spüre: Eine Bitte ist ausgesprochen worden. Und ihre Erfüllung ist im wahrsten Sinn des Wortes not-wendig für den kleinen, alten, kranken Menschen. Aber ich will mich nicht verleugnen.

„Vergessen kann ich nicht. Verzeihen. Ja, das ist möglich. Aber dazu müssen wir darüber reden. Laß es uns nachholen. Nicht heute. Ich komme dich wieder besuchen."

Gerhard Schneider

Vergib stets deinen Feinden. Nichts ärgert sie so.

Oscar Wilde

Was ist der Mensch, daß du ihn groß achtest und dich um ihn bekümmerst? Jeden Morgen suchst du ihn heim und prüfst ihn alle Stunden. Warum blickst du nicht einmal von mir weg und läßt mir keinen Atemzug Ruhe? Hab ich gesündigt, was tue ich dir damit an, du Menschenhüter? Warum machst du mich zum Ziel deiner Anläufe, daß ich mir selbst eine Last bin? Und warum vergibst du mir meine Sünde nicht oder läßt meine Schuld hingehen? Denn nun werde ich mich in die Erde legen, und wenn du mich suchst, werde ich nicht mehr dasein.

Hiob 7, 17–21

Heilen

Heile du mich, Herr, so werde ich heil;
hilf du mir, so ist mir geholfen.

Jeremia 17, 14

Der heutige Zustand der Welt, das ganze Leben ist krank.
Wenn ich Arzt wäre und man mich fragte, was rätst du? – ich
würde antworten: Schaffe Schweigen! Bringe die Menschen
zum Schweigen. Gottes Wort kann so nicht gehört werden.
Und wenn es unter der Anwendung lärmender Mittel geräusch-
voll hinausgerufen wird, daß es selbst im Lärm gehört werde,
so ist es nicht mehr Gottes Wort. Darum schaffe Schweigen!

Sören Kierkegaard

Du, Herr, willst nicht das Leid, sondern die Freude.
Du willst nicht krank machen, sondern heilen.
Du willst nicht den Tod, sondern das Leben.

Rudolf Bohren

Zerst habn de Wissenschaftler no behauptet,
daß unser Sonnensystem
in vierahalb Milliardn Jahr untergeh werd.
Jetzt habn neuere Forschungen aber ergeben,
daß das erst in fünf Milliardn Jahr der Fall sei werd.
Gott sei Dank, i hab mi nämlich scho gärgert,
daß se de teuren Frischzellenspritzen,
wo i mir gebn hab lassn,
sonst gar nimmer so recht rentiert hättn.

Helmut Zöpfl

Der Arzt machte ein bedenkliches Gesicht. Seit zehn Tagen liegt sein Patient, Herr Neuhaus, in unverändert kritischem Zustand im Bett. Die Verbrennungen breiten sich über so große Teile seines Körpers aus, daß das Überleben fraglich ist.

Herr Neuhaus spürt genau, wie es um ihn steht. Verzweiflung und Hoffnung wechseln. Selbstaufgabe und Kampf steigen gegeneinander. Jeden Tag macht er wieder neu mit sich selbst aus, daß er sein Leben zurückgeben will. Und jeden Tag kämpft er wieder neu um sein Leben. Laut schreit er seine Gebete zum offenen Fenster hinaus: „Gott, wenn es dich gibt, so zeige deine Macht jetzt, da ich dich brauche!"

Vier Tage später schüttelt der untersuchende Arzt den Kopf. Er mißt den Blutdruck ein zweites Mal. Dreimal schaut er die Laborwerte an. Schließlich fragt er: „Was ist geschehen, Herr Neuhaus? Von einem Tag auf den anderen sind alle Werte viel besser. Ihr Überleben scheint gesichert. Was ist mit Ihnen geschehen?" Herr Neuhaus lächelt. Langsam nickt er mit dem Kopf und sagt: „Ja, es ist etwas geschehen – gestern – gestern nachmittag. Mein sechsjähriger Enkel hat mich besucht. Er hat zu mir gesagt: ‚Großvati, jetzt mußt du wirklich bald nach Hause kommen, mein Fahrrad ist kaputt!'"

Martin Lienhard

Alles vergehet. Gott aber stehet
ohn alles Wanken; seine Gedanken,
sein Wort und Wille hat ewigen Grund.
Sein Heil und Gnaden, die nehmen nicht Schaden,
heilen im Herzen die tödlichen Schmerzen,
halten uns zeitlich und ewig gesund.

Paul Gerhardt

Erfahren

Wir glauben, Erfahrungen zu machen,
aber die Erfahrungen machen uns.

Eugene Ionesco

Von der Rückkehr ist zu berichten: wie ich nun neu aufgenommen wurde in das Haus der Alten. Ich gehöre, anders als vor dem Sturz, zu dieser Gemeinschaft.

Umgekehrt ist ein gewisser Hochmut verflogen, der mich früher ungeduldig werden ließ, wenn es bei anderen so langsam voranging. Ja, es geht langsamer. Der erste Gang allein zum Zeitungshändler ein großes Abenteuer, das Warten in einer Schlange vor den Schaltern der Post und Bank eine Mühsal. Ich entdecke plötzlich, in welchen Geschäften Stühle zum Ausruhen stehen, und nehme sie gern in Anspruch.

Vor allem aber die Beobachtung der Behinderung bei anderen Bewohnern des Hauses ist nicht mehr distanziert und bestenfalls mitleidig. Ich sehe plötzlich mit großem Respekt, wie die anderen mit viel größeren Schwierigkeiten als ich mit ihrem Alltag umgehen. Es ist die alte Erfahrung: Du mußt es selbst erlebt haben.

Heinrich Albertz

Erfahrung sammeln
in Wäldern Bergen Städten
in den Augen der Menschen
in Gesprächen
im Schweigen

Rose Ausländer

Heute habe ich zum ersten Mal verstanden, was es heißt, alle Dinge sprächen von Gott. Er hat alles und darin jedes einzelne geschaffen. Alles ist immerfort durch ihn. Wer das erfährt, erfährt ihn in allem. Immer anders, so, wie dieses Blatt ist, wie dieser Bach rauscht, wie hier das Licht um die Bäume ist. Und immer ist es Er!

Romano Guardini

Erfahren ward seit tausend Jahren,
doch du verfolgst umsonst die Spur.
Dir paßt nicht, was für sich ein anderer erfuhr,
du mußt es wieder für dich selbst erfahren.

Friedrich Rückert

Ich sah an alles Tun, das unter der Sonne geschieht, und siehe, es war alles eitel und Haschen nach Wind. Ich sprach in meinem Herzen: Siehe, ich bin herrlich geworden und habe mehr Weisheit als alle, die vor mir gewesen sind zu Jerusalem, und mein Herz hat viel gelernt und erfahren. Und ich richtete mein Herz darauf, daß ich lernte Weisheit und erkennte Tollheit und Torheit. Ich ward aber gewahr, daß auch dies ein Haschen nach Wind ist.

Prediger 1, 14–17

Es mag niemand Gott noch Gottes Wort recht verstehen, er hab's denn ohn' Mittel von dem Heiligen Geist. Niemand kann's aber von dem Heiligen Geist haben, er erfahr's, versuch's und empfind's denn. Und in derselben Erfahrung lehret der Heilige Geist wie in seiner eigenen Schule, außerhalb welcher wird nichts gelehrt als nur Schein-Wort und Geschwätz.

Martin Luther

Verweigern

Wenn einer nein sagt, wo alle blind ja brüllen,
da wird an der Veränderung der Welt gearbeitet.

Rudolf Otto Wiemer

Sie sagen:
Idealismus ist ein Intelligenzdefekt.
Ich glaube es nicht.
Sie sagen:
Die Bergpredigt wäre nicht so gemeint.
Ich glaube es nicht.
Sie sagen:
Du sollst nicht töten ist so zu verstehen, daß …
Ich glaube es nicht.
Sie sagen:
Bei etwas gesundem Menschenverstand müßte doch jeder …
Ich glaube es nicht.
Sie sagen:
Selbst Christus würde, wenn er heute …
Ich glaube es nicht.
Und wenn man mir Berge schwarzen und roten Goldes
verspricht,
ich glaube es nicht.

Hanns Dieter Hüsch

Ein Indianermädchen schreibt: Eines Tages bekamen wir eine
neue Lehrerin, eine weiße Amerikanerin. Sie war sehr freundlich, aber sie hatte keine guten Manieren. Sie schrieb Rechen-
aufgaben an die Tafel, zehn Aufgaben. Dann stellte sie zehn
Kinder vor die Tafel. Jedes sollte eine Aufgabe ausrechnen.
„Wer zuerst fertig ist, dreht sich um", sagte sie. Aber wir warteten ab, bis alle die Aufgaben gelöst hatten, und dann dreh-
ten wir uns alle gemeinsam um.

Ihr wollt nur unser Bestes, doch das bekommt ihr nicht.

Graffito

Die Alten. Am meisten liebe ich die Alten,
die ihren Kaffee selber nach eigenem Rezept brauen,
die immer härter werden mit wachsendem Muskelschwund,
die sagen: Wenn ihr unter Altersschwäche versteht,
daß man sich abfindet, sucht euch einen Jüngeren.

Rainer Malkowski

Immer wieder versuchten Leute, die ihm übel wollten, Karl
Valentin zu unvorsichtigen Äußerungen über das Dritte Reich
zu verleiten. Ihnen hielt er entgegen: „I sag nix. Des wird ma
doch no sagn derfn!"

Da führte der Teufel Jesus auf einen Berg hinauf und zeigte
ihm in einem einzigen Augenblick alle Reiche der Erde. Und
er sagte zu ihm: All die Macht und Herrlichkeit dieser Reiche
will ich dir geben; denn sie sind mir überlassen, und ich gebe
sie, wem ich will. Wenn du dich vor mir niederwirfst und mich
anbetest, wird dir alles gehören. Jesus antwortete ihm: In der
Schrift steht: Vor dem Herrn, deinem Gott, sollst du dich niederwerfen und ihm allein dienen.

Lukas 4, 5–8

Wer alles beim alten lassen will,
soll nicht zum Heiligen Geist beten.

Loslassen

Je glücklicher einer ist,
desto leichter kann er loslassen.

Einer von den führenden Männern fragte ihn: Guter Meister, was muß ich tun, um das ewige Leben zu gewinnen? Jesus antwortete: Du kennst doch die Gebote: Du sollst nicht die Ehe brechen, du sollst nicht töten, du sollst nicht stehlen, du sollst nicht falsch aussagen; ehre deinen Vater und deine Mutter. Er erwiderte: Alle diese Gebote habe ich von Jugend auf befolgt. Als Jesus das hörte, sagte er: Eines fehlt dir noch: Verkauf alles, was du hast, verteil das Geld an die Armen, und du wirst einen bleibenden Schatz im Himmel haben; dann komm und folge mir nach!
Der Mann aber wurde sehr traurig, als er das hörte; denn er war überaus reich. Jesus sah ihn an und sagte: Wie schwer ist es für Menschen, die viel besitzen, in das Reich Gottes zu kommen!

Lukas 18, 18–24 (in Auswahl)

Das Loslassen von unerfüllbaren Träumen und das Freigeben von Menschen, an denen dein Herz hängt, ist wohl mit das Schwerste, was es im Leben gibt.
Aber so, wie du nicht nur einatmen und die Luft in dir behalten kannst, sondern sie wieder ausatmen, gleichsam freigeben mußt, um leben zu können, so kannst du dich neuen Begegnungen nur öffnen, wenn du die Hoffnungen aufgeben kannst, die sich verbraucht haben. Denn alles hat seine Zeit: einatmen und ausatmen, halten und hergeben, binden und lösen, Abschied nehmen und neu beginnen.

Christa Spilling-Nöker

Rabbi Jehuda wurde einmal gefragt, wie es denn käme, daß er so gut schlafen könne. „Wie das zugeht, daß ich sogleich einschlafe? Es geht so zu, daß ich mich hergebe. Wie in mütterliche Arme gebe ich mich her. All mein Widerstand fällt im Nu ab, und ich lasse mich los."

Chassidische Geschichte

Als Jack noch klein war, wollte er ewig bei seiner Mami sein und hatte Angst, sie würde fortgehen.
Als er später etwas größer war, wollte er weit weg von seiner Mami sein und hatte Angst, daß sie ihn ewig bei sich haben wollte.
Als er heranwuchs, verliebte er sich in Jill und wollte ewig bei ihr sein und hatte Angst, sie würde fortgehen. Als er etwas älter war, wollte er nicht ewig bei Jill sein und hatte Angst, daß sie ewig bei ihm sein wollte, und daß sie Angst hatte, daß er nicht ewig bei ihr sein wollte.
Jack macht Jill angst, er könne sie verlassen, weil er Angst hat, sie könnte ihn verlassen.

Ronald D. Laing

Herr,
Stunde um Stunde fällt zu dir zurück.
Was ich erworben habe,
kann ich nicht behalten.
Was ich mein nenne,
bekam ich geliehen auf unbekannte Frist.
Gib mir die Weisheit, vieles zu lassen,
um alles zu gewinnen.

Trauern

Vergangenem nachtrauern heißt, Gegenwärtiges versäumen.

Griechische Weisheit

Die Verdrängung von Tränen, Leid, Geschrei und Schmerz ist die Grundlage für das unbekümmerte „Weiter so" aller Parteien und Gruppen geworden und wirkt bis tief in unsere Kirche und unsere Gemeinden hinein. Totensonntag, Trauersonntag, lassen wir es doch bitte dabei.

Heinrich Albertz

Nur ein Stück weit konnten wir
den Weg des Lebens gemeinsam gehen:
Verhallt sind Worte, die uns bewegten.
Verwehrt sind Blicke, die uns beschenkten.
Verflogen sind Gedanken, die uns bereicherten.
Vergangen sind Zärtlichkeiten, die uns beglückten.
Verflossen sind Träume, die uns bezauberten.
Und doch schimmert durch alle Schleier der Trauer
ein Licht der Hoffnung:
Wir werden uns wieder nahe sein,
zeitlos und glückselig.

Peter Friebe

Nur wer zum Glück fähig ist, dem wird eigenes und fremdes Leiden zum Schmerz. Wer lachen kann, kann auch weinen. Wer Hoffnung hat, wird fähig, die Welt auszuhalten und zu trauern.

Jürgen Moltmann

Wer weint, vermindert seines Grames Tiefe.

William Shakespeare

Viele Abende verbrachte ich jetzt in der angenehmen, oft sogar festlichen Gesellschaft von Freunden, also alle Tage Kuchen, aber kein tägliches Brot, nicht die kleinen Gebärden des Einsseins, nicht das mögliche Schweigen. Nachts heimkommen in die leere Wohnung, nur das eigene Bett aufdecken, überhaupt das Für-sich-Sorgen, wobei man schneller, als man es je für möglich gehalten hätte, sich zweiteilt und mit sich selber spricht.

Daß dein Tod für alle anderen eine bedauerliche Tatsache, für mich aber ein lebendiger Prozeß, immer noch Anziehung, Abstoßung, Nähe und Ferne war, wollte niemand verstehen. Allenfalls glaubte man, daß ich nachts in deinem Zimmer ein paar Tränen vergösse, aber die flossen nicht, weil da so viel mehr war als Wehmut, der leidenschaftliche und angstvolle Wunsch, dich dort, wo du bist, glücklich zu wissen.

Marie Luise Kaschnitz

Der Geist Gottes des Herrn ist auf mir, weil der Herr mich gesalbt hat. Er hat mich gesandt, den Elenden gute Botschaft zu bringen, die zerbrochenen Herzen zu verbinden, zu verkündigen den Gefangenen die Freiheit, den Gebundenen, daß sie frei und ledig sein sollen; zu verkündigen ein gnädiges Jahr des Herrn und einen Tag der Vergeltung unsres Gottes, zu trösten alle Trauernden, zu schaffen den Trauernden zu Zion, daß ihnen Schmuck statt Asche, Freudenöl statt Trauerkleid, Lobgesang statt eines betrübten Geistes gegeben werden.

Jesaja 61, 1–3

Fasten

Das Fasten kann uns helfen, wieder Geschmack am Essen und am Leben zu finden.

Glaube nicht, daß Fasten genügt. Das Fasten strengt dich an, aber es stärkt nicht deine Brüder. Deine Entbehrungen würden fruchtbar werden, wenn du einem anderen ein Geschenk davon machtest. Gewiß hast du auf etwas verzichtet. Aber wem wirst du das geben, auf das du verzichtet hast?

Augustinus

„Herr Doktor, ich leide am Magen." „Was essen Sie?" „Morgens Tee mit Rum, dann Hering, darauf süßes Gebäck, mittags, je nachdem, eine fette Wurst oder Schweinebraten mit Pfannkuchen und Pudding …"
„Ich will Ihnen was sagen: Nicht Sie leiden am Magen, sondern Ihr Magen leidet an Ihnen!"

Den Tag heute
habe ich für mich reserviert.
Nichts wartet auf mich und
niemand außer mir.
Alle Termine sind abgesagt,
und ich freue mich
auf meinen Besuch bei mir.
Ganz behutsam
gehe ich um
mit mir.

Hans-Curt Flemming

Fastet nicht wie die Scheinheiligen!
Sie setzen eine wehleidige Miene auf, damit jeder merkt, was
ihnen ihr Glaube wert ist. Das ist dann auch der einzige Lohn,
den sie je bekommen werden. Wenn du fastest, dann pflege
dein Äußeres so, daß keiner etwas von deinem Verzicht merkt
außer deinem Vater im Himmel. Dein Vater, der jedes Geheimnis kennt, wird dich belohnen.

Matthäus 6, 16–18

Ein Professor kam zu einem Zen-Meister, um von ihm einiges über Zen zu erfahren. Nan-in, der Zen-Meister, reichte ihm
Tee. Er goß ihm Tee in die Tasse und goß weiter, als die Tasse
bereits überlief. Der Professor sah die Tasse überlaufen und
konnte schließlich nicht mehr an sich halten: „Die Tasse läuft
über! Sie können nicht noch mehr hineingießen!"
„Wie diese Tasse", entgegnete ihm Nan-in, „sind Sie randvoll
mit Ihren eigenen Ansichten und Spekulationen. Wie soll ich
Ihnen Zen beibringen können, wenn Sie nicht erst einmal Ihre
Tasse leeren?"

Solange es Menschen gibt,
die das verbrauchen,
was sie nicht brauchen,
wird es immer Menschen geben,
die das nicht haben,
was sie brauchen.

Johann Schicht

Feiern

Feiern braucht keinen Zweck. Feiern hat einen Grund:
Wir bekommen das Leben geschenkt. Jetzt.

Feiert mit mir das Fest aller Feste!
Schmückt trauernde Häuser.
Kehrt Schmutz von den Straßen.
Laßt leere Tische sich biegen.
Schlagt verschlossene Fässer auf.
Freut euch mit mir am Wunder aller Wunder!
Kommt aus Kellern der Angst.
Öffnet verriegelte Türen.
Reißt dumpfe Fenster auf.
Springt in helle Freiheit.
Lacht mit mir voll der Freude aller Freuden!
Das Grab aller Gräber wurde gesprengt.
Der Stein der Verzweiflung ist weggerollt.
Der Mann der Schmerzen lebt unter uns.
Die neue Welt hat ihren ersten Tag.
Singt mit mir vom Sieg aller Siege!
Fegt die Angst aus den Herzen.
Lacht dunklen Mächten ins Gesicht.
Widersteht den Herren von gestern.
Wagt schon heute das Leben von morgen.

Johannes Hansen zu Psalm 118

Wenn alle Tage im Jahr gefeiert würden,
dann würde das Spiel so lästig sein wie die Arbeit.

William Shakespeare

Seinem innersten Wesen nach ist der Mensch ein Geschöpf, das nicht nur arbeitet und denkt, sondern das auch singt, tanzt, betet, Geschichten erzählt und feiert.

Harvey Cox

Die kleine alte Frau springt von einem Bein auf das andere und klatscht in die Hände. „Ein Fest", sagt sie, „das wird ein richtiges Fest." „Na", sagt der Mann, „wenn das ein Fest werden soll, dann bringe ich gleich noch meine Spezial-Festtags-Schokoladen-Schaumtorte." Er bringt sie, und die kleine Frau stellt Kerzen rundherum. Ein junger Mann macht lustige Hüte aus Zeitungspapier. Alle schmausen nach Herzenslust.
Dann holt der Ziehharmonikaspieler seine Ziehharmonika und spielt so lustig, daß keiner stillsitzen kann. Alle stampfen mit den Füßen zur Musik. Sogar die Säuglinge drehen ihre kleinen Patschhände im Takt. Jetzt spielt der Musikant einen Walzer, und der kleine alte Mann faßt seine kleine alte Frau um die Taille und walzt mit ihr dahin, bis beide ganz atemlos sind. Alle klatschen in die Hände und fangen auch an zu tanzen.
Der Ziehharmonikaspieler spielt und spielt. Er spielt „Du, du liegst mir im Herzen", und er spielt „Zu Lauterbach hab ich mein' Strumpf verlorn", und er spielt „O du lieber Augustin". Er kennt hundert Lieder, und er spielt sie alle.
Es ist ein richtiges Fest mit Schmausen, Tanzen und Scherzen. Ausgelassen geht es zu, und leise vergnügt geht es zu. Es ist ein großartiges Fest.

Beatrice Schenk de Regniers

Entdecken _____

Es gibt mehr Dinge zwischen Himmel und Erde,
als eure Schulweisheit sich träumen läßt.

William Shakespeare

Je mehr wir sehen, was wir sehen, desto mehr entdecken wir
in vertrauter Umgebung, was wir noch nie sahen.

Karl Foerster

großer gott:
uns näher
als haut
oder halsschlagader
kleiner
als herzmuskel
zwerchfell oft:
zu nahe
zu klein –
wozu
dich suchen?
wir:
deine verstecke

kurt marti

Laß den Tag nicht verstreichen, ohne ihm ein großes oder
kleines Geheimnis abzuringen. Es sei dein Leben wachsam,
täglich eine Entdeckung.

Juan Ramón Jiménez

Indem ich die Wiederholung und damit die Vergänglichkeit des Lebens zu akzeptieren beginne, habe ich gelernt, daß in jeder Wiederholung auch etwas Neues steckt. Es wiederholt sich zwar vieles, und ich bin immer dieselbe Frau, aber eben auch eine andere, in einer anderen Lebenssituation. Indem ich mich wieder neu einlasse auf diese Wiederholungen, kann ich gerade auch in ihnen das Spezielle entdecken, das Besondere.

Verena Kast

Schon erschaffe ich einen neuen Himmel
und eine neue Erde.
Man wird nicht mehr an das Frühere denken,
es kommt niemand mehr in den Sinn.
Nein, ihr sollt euch ohne Ende freuen
und jubeln über das, was ich erschaffe.
Ich will über Jerusalem jubeln
und mich freuen über mein Volk.
Nie mehr hört man dort lautes Weinen und lautes Klagen.
Dort gibt es keinen Säugling mehr, der wenige Tage nur lebt,
und keinen Greis, der nicht das volle Alter erreicht.
Sie werden Häuser bauen und selbst darin wohnen,
sie werden Reben pflanzen
und selber ihre Früchte genießen.
Schon ehe sie rufen, gebe ich Antwort,
während sie noch reden, erhöre ich sie.
Man tut nichts Böses mehr und begeht kein Verbrechen
auf meinem ganzen heiligen Berg, spricht der Herr.

Jesaja 65, 17–25 (in Auswahl)

Aufbruch

Ersehnt

Wer sich nach Licht sehnt, ist nicht lichtlos,
denn die Sehnsucht ist schon Licht.

Bettina von Arnim

Ich seh ein Land mit neuen Bäumen.
Ich seh ein Haus aus grünem Strauch
und einen Fluß mit flinken Fischen.
Und einen Himmel aus Hortensien seh ich auch.
Ich seh ein Licht von Unschuld weiß
und einen Berg, der unberührt.
Im Tal des Friedens geht ein junger Schäfer,
der alle Tiere in die Freiheit führt.
Ich hör ein Herz, das tapfer schlägt
in einem Menschen, den es noch nicht gibt,
doch dessen Ankunft mich schon jetzt bewegt,
weil er erscheint und seine Feinde liebt.
Das ist die Zeit, die ich nicht mehr erlebe.
Das ist die Welt, die nicht von uns'rer Welt.
Sie ist aus feinstgesponnenem Gewebe,
und, Freunde, glaubt und seht: Sie hält.

Hanns Dieter Hüsch

Es sprechen manche, sie hätten's nicht. Da erwidere ich: Das
ist mir leid. Ersehnst du es aber auch nicht, das ist mir noch
leider. Könnt ihr es denn nicht haben, so habt doch ein Sehnen danach! Mag man aber auch das Sehnen nicht haben, so
sehne man sich doch wenigstens nach einer Sehnsucht.

Meister Eckart

„Erinnerst du dich, Herr?" sagte Hanna. „Ich bin die Frau, die
einmal an dieser Stelle stand und betete. Hier ist das Kind, um
das ich damals Gott angefleht habe; er hat mein Gebet erhört.
Auch ich will nun mein Versprechen erfüllen: Das Kind soll
für sein ganzes Leben dem Herrn gehören."

1. Samuel 1, 26–28

Öfter mal „nicht" sagen können.
Unterlegenheitsgefühle loswerden.
Zugeben dürfen, bestimmte Dinge nicht zu schaffen.
Keine Furcht mehr haben vor dem, was andere denken mögen.
Meine dünne Haut nicht verteidigen müssen.
Rosinen im Kopf haben.
Mit mir allein leben können.
Nicht so oft dankbar sein müssen.
Müde sein dürfen.
Den Glauben an die Unmöglichkeit verlieren.
Nicht nur von Erinnerungen leben müssen.
Fehler machen dürfen.
Sensibel sein dürfen.
Sich keinen Wunsch ausreden lassen.
Eine Heimat haben.
Nicht auf alles eine Antwort haben.
Selig sein.

Dieter Schupp

Dich, Gott, meine ich, ziellos herumgetrieben,
sehnend, wünschend ohne Ende.
Dich, Gott, meine ich im Überschuß meines Suchens.
Dich, Gott, allein.

Bernhard Meuser

Wagemutig ─────────────

Binde deinen Karren an einen Stern.

Leonardo da Vinci

Da fragte ihn Petrus: „Herr, wo willst du hin?" „Diesmal kannst du nicht mit mir gehen", antwortete Jesus. „Aber du wirst mir später folgen." „Laß mich doch jetzt bei dir bleiben", bat ihn Petrus und beteuerte: „Ich wäre sogar bereit, für dich zu sterben!"
Da antwortete Jesus: „Du willst für mich sterben? Petrus, ich sage dir: Ehe morgen früh der Hahn kräht, wirst du dreimal bestritten haben, mich überhaupt zu kennen."

Johannes 13, 36–38

Ein Mensch, den es nach Ruhm gelüstet,
besteigt, mit großem Mut gerüstet,
ein Sprungbrett – und man denkt, er liefe
nun vor und spränge in die Tiefe,
mit Doppelsalto und dergleichen
der Menge Beifall zu erreichen.
Doch läßt er, angestaunt von vielen,
zuerst einmal die Muskeln spielen,
um dann erhaben vorzutreten,
als gält's, die Sonne anzubeten.
Ergriffen schweigt das Publikum –
doch er dreht sich gelassen um
und steigt, fast möcht man sagen, heiter
und vollbefriedigt von der Leiter.
Denn, wenn auch scheinbar nur entschlossen,
hat er doch sehr viel Ruhm genossen,
genau genommen schon den meisten –
was sollt' er da erst noch was leisten?

Eugen Roth

44

Wer fragt: „Was hat man zu tun?" – für den gibt es keine Antwort. „Man" hat nichts zu tun. „Man" kann sich nicht helfen, mit „Man" ist nichts mehr anzufangen. Mit „Man" geht es zu Ende. Wer aber die Frage stellt: „Was habe ich zu tun?" – den nehmen die Gefährten bei der Hand, die er nicht kannte und die ihm alsbald vertraut werden und antworten: „Du sollst dich nicht vorenthalten."

Martin Buber

Es gibt keinen Weg zum Frieden auf dem Weg der Sicherheit. Denn Friede muß gewagt werden, ist das große Wagnis und läßt sich nie und nimmer sichern.

Dietrich Bonhoeffer

Die Christen leben wie Gänse auf einem Hof. An jedem siebten Tag wird eine Parade abgehalten, und der beredsamste Gänserich steht auf dem Zaun und schnattert über das Wunder der Gänse. Erzählt von den Tagen der Vorfahren, die einst zu fliegen wagten, und lobt die Gnade und Barmherzigkeit des Schöpfers, der den Gänsen Flügel und den Instinkt zum Fliegen gab.
Die Gänse sind tief gerührt, senken in Ergriffenheit die Köpfe und loben die Predigt und den beredsamen Gänserich. Aber das ist auch alles. Eines tun sie nicht – sie fliegen nicht. Sie gehen zu ihrem Mittagsmahl. Sie fliegen nicht, denn das Korn ist gut und der Hof ist sicher.

Sören Kierkegaard

Natürlich muß man *mit* dem Kopf durch die Wand! Nicht kopflos.

André Brie

Gespannt

Und wer sagt, daß in dem undurchsichtigen Sack Zukunft nicht auch ein Entzücken steckt?

Marie Luise Kaschnitz

Träumen geht mühelos, denken ist leicht,
handeln schon schwerer.
Doch daß jemand handelt, nachdem er's bedacht,
dies ist das Schwerste für einen,
der nicht weiß, was er bedenken müßte,
ehe er handelt.
Was tun, o Gott?
Würfeln? Blindlings wagen?
Oder das Handeln verweigern?
Laß, bitte, hören von dir.

Kurt Marti

Unsere Wünsche sind Vorgefühle der Fähigkeiten, die in uns liegen, Vorboten desjenigen, was wir zu leisten imstande sein werden. Was wir können und möchten, stellt sich unserer Einbildungskraft außer uns und in der Zukunft dar; wir fühlen eine Sehnsucht nach dem, was wir schon im stillen besitzen. So verwandelt ein leidenschaftliches Vorausergreifen das wahrhaft Mögliche in ein erträumtes Wirkliche.

Johann Wolfgang Goethe

Hochwürden nagelt seine Zaunlatten fest. Ein Bub stellt sich daneben. „Willst du lernen, wie man so etwas macht?" fragt der geistliche Herr. „Nein", erwidert der Bengel. „Ich bin gespannt, was ein Pfarrer sagt, wenn er sich auf den Daumen haut."

Abends vorm Bildschirm komme ich endlich zu mir,
ich schließe die Augen und horche in mich hinein.

Arnfried Astel

Ich bin zurückgekehrt, ich habe den Flur durchschritten und
blicke mich um. Es ist meines Vaters alter Hof. Die Pfütze in
der Mitte. Altes, unbrauchbares Gerät, ineinanderverfahren,
verstellt den Weg zur Bodentreppe. Die Katze lauert auf dem
Geländer. Ein zerrissenes Tuch, einmal im Spiel um eine Stange
gewunden, hebt sich im Wind. Ich bin angekommen. Wer wird
mich empfangen?

Franz Kafka

Die beiden Jünger kamen zu Jesus und sagten: „Johannes läßt
dich fragen: ‚Bist du der von Gott versprochene Retter, oder
müssen wir noch länger auf ihn warten?'"
Jesus heilte gerade viele von ihren Krankheiten und Leiden. Er
befreite Menschen, die von Dämonen geplagt wurden, und
den Blinden schenkte er das Augenlicht wieder. So konnte er
den Jüngern des Johannes antworten: „Geht zu Johannes
zurück und erzählt ihm, was ihr miterlebt habt. Blinde sehen,
Gelähmte gehen, Aussätzige werden geheilt, Taube hören, Tote
werden wieder lebendig, und den Armen wird die frohe Botschaft verkündet! Und sagt ihm: Glücklich ist jeder, der nicht
an mir zweifelt."

Lukas 7, 20–23

Das Glück kommt zu denen, die es erwarten. Nur müssen sie
die Tür auch offen halten.

Thomas Mann

Zwiespältig

Die Zukunft beunruhigt uns, die Vergangenheit hält uns fest, deshalb entgeht uns die Gegenwart.

Gustave Flaubert

Niemand will wissen, was ihm im Alter bevorsteht. Wir sehen es zwar aus nächster Nähe täglich, aber um uns selbst zu schonen, machen wir aus dem Altern ein Tabu. Das Gebot, das Alter zu ehren, stammt aus Epochen, als hohes Alter eine Ausnahme darstellte.
Wird heute ein alter Mensch gepriesen, so immer durch Attest, daß er verhältnismäßig noch jung sei, geradezu noch jugendlich. Unser Respekt beruht immer auf einem Noch („noch unermüdlich", „noch heute eine Erscheinung", „durchaus noch beweglich in seinem Geist"). Unser Respekt gilt in Wahrheit nie dem Alter, sondern ausdrücklich dem Gegenteil: daß jemand trotz seiner Jahre noch nicht senil sei.

Max Frisch

„Wie geht's?" fragte die Trauer die Hoffnung.
„Ich bin etwas traurig", sagte die Hoffnung.
„Hoffentlich", sagte die Trauer.

Franz Hohler

Ein Mann geht im Stadtpark spazieren. Neben ihm läuft eine große Dogge. Ein Polizist hält ihn an und fordert: „Den Hund müssen Sie an die Leine nehmen." Der Mann geht wortlos weiter. Der Polizist rennt ihm hinterher und ruft: „Halt! Sofort nehmen Sie den Hund an die Leine, sonst zahlen Sie eine Geldbuße." Der Mann: „Wieso? Das ist nicht mein Hund!" „Aber er läuft Ihnen hinterher!" „Sie laufen mir auch hinterher und sind nicht mein Hund!"

Ich sprach auch mit vielen Leuten
und hörte genau zu und hörte viele Meinungen
und hörte viele von vielem sagen: Das sei ganz sicher!
Aber zurückkehrend sprachen sie anders,
als sie ehedem gesprochen hatten.
Und von dem andern sagten sie: Das ist sicher.
Da sagte ich mir: Von den sicheren Dingen
das Sicherste ist der Zweifel.

Bertolt Brecht

Niemand kann zwei Herren dienen; er wird entweder den
einen hassen und den andern lieben, oder er wird zu dem einen
halten und den andern verachten. Ihr könnt nicht beiden dienen, Gott und dem Mammon.

Matthäus 6, 24

Heute morgen, als ich noch wohlig im Bett lag, riß mich ein
grober Klingler aus dem Schlaf. Wütend und barfuß lief ich
zur Tür und öffnete meinem Sohn, der, da Sonntag war, sehr
früh nach Milch gegangen war.
Die Zufrühgekommenen sind nicht gern gesehn. Aber ihre
Milch trinkt man dann.

Wolf Biermann

Wenn wir einen Menschen hassen, so hassen wir in seinem
Bild etwas, was in uns selber sitzt. Was nicht in uns selber ist,
das regt uns nicht auf.

Hermann Hesse

Begrenzt

Die Grenze ist der eigentliche Ort der Erfahrung.

Paul Tillich

Der Rabbi von Alexander faßte einmal einen wichtigen Beschluß. Da die Erde voller Streit und Leid war, beschloß er, gleich am nächsten Tag damit zu beginnen, die ganze Welt zu verbessern.

Als er aufstand, erschien ihm das geplante Projekt doch etwas zu hochgestochen, und er beschloß, nur das Land, in dem er lebte, in Ordnung zu bringen. Alsbald jedoch schien ihm auch dies eine zu schwere Aufgabe. Vielleicht genügt es, so dachte er, wenn ich meiner Heimatstadt zu einer besseren Moral verhelfe. Oder die Gasse, in der ich lebe, oder wenigstens das Haus, in dem ich wohne, besser mache.

Als der Rabbi einsah, daß es ihm wahrscheinlich nicht einmal gelingen werde, seine Familie zur Besserung zu bewegen, faßte er den endgültigen Beschluß: „Also muß ich halt mit mir selbst beginnen."

Man muß vom Menschen alles verlangen, wozu er fähig ist, und ihn dabei doch so akzeptieren, wie er ist.

Elie Wiesel

Der Mensch ist von Geburt an schwach und hilflos, sein Leben ist nur kurz, doch voller Unrast. Wie eine Blume blüht er und verwelkt, so wie ein Schatten ist er plötzlich fort. Und trotzdem läßt du ihn nicht aus den Augen, du ziehst ihn vor Gericht, verurteilst ihn! Du mußt doch wissen, daß er unrein ist, daß niemals etwas Reines von ihm ausgeht!

Im voraus setzt du fest, wie alt er wird, auf Tag und Monat hast du es beschlossen. Du selbst bestimmst die Grenzen seines Lebens, er kann und darf sie niemals überschreiten. Darum blick weg von ihm, laß ihn in Ruhe und gönne ihm sein bißchen Lebensfreude!

Hiob 14, 1–6

Ein Vogel im Käfig weiß im Frühling sehr wohl, wozu er taugt, weiß sehr wohl, daß er etwas tun kann, aber er kann nichts tun, was ist es doch? Er kann sich nicht daran erinnern. Dann kommen ihm unbestimmte Vorstellungen. Er sagt sich: „Die anderen bauen Nester und zeugen Junge und ziehen die Brut groß." Dann prallt er mit dem Kopf an die Stäbe des Käfigs. Und der Käfig bleibt. Und der Vogel ist wahnsinnig vor Schmerz.

Vincent van Gogh

Dein Kerker bist du selbst.
Die Welt, die hält dich nicht,
du selber bist die Welt,
die dich in dir mit dir
so stark gefangen hält.

Angelus Silesius

Wenn du gleich hundert Jahre pflügtest und aller Welt Arbeit tätest, so könntest du doch nicht einen Halm aus der Erde hervorwachsen lassen, sondern Gott tut alles ohne alle deine Werke. Während du schläfst, macht er aus dem Körnlein einen Halm und viele Körner darauf.

Martin Luther

Wer überall sein will, ist nirgends.

Friedrich Schwanecke

Oft hat man Grund zu sagen: „Der Teufel ist los." Nie heißt es: „Gott ist los."
Halten ihn die Kirchen so sicher unter Verschluß?

Kurt Marti

Gemeinsam _____

Vergeßt nicht, wir reisen gemeinsam!

Ein Schotte sitzt gut gelaunt in der Eisenbahn. „Sie fahren in Urlaub?" fragt sein Gegenüber. „Ich bin auf Hochzeitsreise." „Und Ihre Frau?" „Ist daheim. Sie kennt die Gegend schon."

Ein Teil der Besatzung schläft. Auf der Kommandobrücke streitet man über den richtigen Kurs. Einige veranstalten in den aufgehängten Rettungsbooten Ruderwettkämpfe und ziehen ächzend die Ruder durch die Luft. Die Luftbewegungen, die dabei entstehen, bezeichnen sie dann als frischen Wind.
Doch: Täglich wird das Deck geschrubbt. Wenn es auch nicht vorwärts geht, das Schiff ist sauber.

Otmar Schnur

Der Gott aber, der mitträgt und tröstet, während wir unter unserer Last gehen, gebe euch einen gemeinsamen Sinn, wie er Jesus Christus entspricht, seinem Geist und Vorbild. Denn das ist Ziel und Sinn eures gemeinsamen Lebens, daß ihr im selben Geist und mit demselben Wort und Lobgesang den Gott rühmt, der zugleich der hohe Herr der Welt und der uns vertraute Vater unseres Herrn Jesus Christus ist.

Römer 15, 5–7

Die Einsamkeit hat mich gelehrt, daß das Zusammensein mit anderen etwas ziemlich Schönes ist, und das Zusammensein mit anderen hat mich gelehrt, daß die Einsamkeit etwas ziemlich Schönes ist, und so habe ich viel Abwechslung und ein ziemlich schönes Leben.

Günter Radtke

Wir hören nicht mehr aufeinander. Wir reden kaum mehr miteinander. Wir weisen unsere Bedeutung durch Automodelle und Geheimkonten aus. Wir sind auf den Status von Kampffischen heruntergekommen, die man in getrennten Aquarien halten muß. Bloß ist die Welt nur *ein* Aquarium.

Peter Härtling

Weder Ameisenstaat noch schrankenloser Egoismus sind die Lebensform der Zukunft, sondern einzig die persönliche Entfaltung im Dienst an der Gemeinschaft hat Zukunft.

Teilhard de Chardin

An einem der letzten Abende hatte ich wirklich Glück. Ich meine damit nicht, daß ich Geld gewonnen hätte oder sowas. Nein. Ich traf nur Wilkins. Er machte einen kleinen Spaziergang, und da trafen wir uns, und wir standen und unterhielten uns, und die Abendsonne schien noch warm, und ein Vogel sang über uns, und die Welt war friedlich und schön.
Wir redeten über dies und das, und die Zeit verging wie im Flug. Wir lachten ein bißchen zusammen und bedauerten einen gemeinsamen Freund, der krank ist – und dann ging jeder nach Hause.
Das war alles. Aber es tat wirklich gut, Wilkins so unerwartet zu treffen und miteinander zu reden und einander so sympathisch zu finden. Es klingt nicht nach viel, oder? Aber ich genoß es.

H. L. Gee

Dort, wo die Nächstenliebe wohnt, ist die Menschheit eine Familie, und es kann dort niemand glücklich sein, wenn nicht alle es sind.

Robert Walser

Behutsam ─────────────────

Wer mit sich selbst nicht behutsam umgeht, wem kann der gut sein? Denke also daran: Gönne dich dir selbst.

Unter lautem Geräusch, Bremsenkreischen und Knirschen der Gummireifen kam der große Laster zum Stehen. Ich lief ihm auf der Landstraße entgegen. Warum hatte der Fahrer so plötzlich gehalten? Ich sah ihn aus seinem Wagen klettern, ein großer, starker Mann, Fernfahrer. Mit schnellen Schritten trat er vor den Kühler, bückte sich und hockte vor etwas nieder. Da ich vermutete, er habe eine Panne, ging ich zu ihm, um ihm behilflich zu sein. Der Mann sah mit einem lächelnden Gesicht zu mir auf. „Beinahe hätte ich doch diesen kleinen Kerl überfahren", sagte er und deutete auf einen Igel. Dieser saß seelenruhig vor dem linken Vorderrad des Lasters und beäugte uns vergnügt. Der Fahrer schaute eine Weile belustigt auf den kleinen Schelm, dann trug er ihn sachte weg.

Wir haben nicht zu wenig Zeit,
aber wir verschwenden zu viel davon.

Seneca

Der Wind, den es mir zuweht
aus milderem Land,
streicht mir über die Wangen,
so sanft, als habe er unterwegs
und sehr weit von hier
deine Lippen berührt im Vorübergehn
und trüge nun ganz behutsam
deinen Atem herüber zu mir.

Lothar Zenetti

Nimm dir Zeit, den Himmel zu betrachten.
Suche Gestalten in den Wolken.
Höre das Wehen des Windes
und berühre das kalte Wasser.
Gehe mit leisen, behutsamen Schritten.
Wir sind Eindringlinge,
die von einem unendlichen Universum
nur für eine kurze Zeit geduldet werden.

Indianische Weisheit

Schließe mir die Augen beide
mit den lieben Händen zu!
Geht doch alles, was ich leide,
unter deiner Hand zur Ruh.
Und wie leise sich der Schmerz
Well um Welle schlafen leget,
wie der letzte Schlag sich reget,
füllest du mein ganzes Herz.

Theodor Storm

Ich bitte euch darum, all die Leute besonders zu achten und anzuerkennen, die sich für euch einsetzen, die eure Gemeinde leiten und euch vor falschen Wegen bewahren wollen. Für ihre Mühe sollt ihr sie lieben und ihnen dankbar sein.
Vor allem aber lebt in Frieden miteinander. Außerdem, ihr Lieben, helft denen zurecht, die leichtsinnig in den Tag hineinleben. Ermutigt die Verzagten, helft den Schwachen, und bringt für jeden Menschen Nachsicht auf. Keiner von euch soll Böses mit Bösem vergelten, vielmehr sollt ihr euch bemühen, Gutes zu tun; und zwar untereinander wie auch allen anderen Menschen gegenüber.

1. Thessalonicher 5, 1–5

Wesentlich

Mensch, werde wesentlich.
Denn wenn die Welt vergeht,
so fällt der Zufall weg.
Das Wesen, das besteht.

Angelus Silesius

Bald werden wir alle sterben, und alles Andenken wird dann
von der Erde geschwunden sein, und wir selbst werden für eine
kleine Weile geliebt und dann vergessen werden. Doch die
Liebe wird genug gewesen sein; alle diese Regungen von Liebe
kehren zurück zu der einen, die sie entstehen ließ. Nicht einmal eines Erinnerns bedarf die Liebe. Da ist ein Land der
Lebenden und ein Land der Toten, und die Brücke zwischen
ihnen ist die Liebe – das einzige Bleibende, der einzige Sinn.

Thornton Wilder

Mit den Taschen vom Abendeinkauf stand er vor seiner Haus-
tür und suchte den Schlüssel, da hörte er zum erstenmal in diesem Jahr eine Amsel singen. Wie schön, dachte er, jetzt bringe
ich schnell die Taschen hinein, stelle dann den Kehrichtsack
für morgen früh vors Haus und höre noch ein bißchen dem
Vogel zu.
Als er mit dem verschnürten Sack vor die Tür trat, war der
Gesang verstummt.

Franz Hohler

Nichts Schöneres unter der Sonne,
als unter der Sonne zu sein.

Ingeborg Bachmann

Es ist dir gesagt, Mensch, was gut ist und was der Herr von dir erwartet: nichts als Recht üben und Freundlichkeit lieben und aufmerksam mitgehen mit deinem Gott.

Micha 6, 8

Blicke in dich! In deinem Inneren ist eine Quelle, die nie versiegt, wenn du nur zu graben verstehst.

Marc Aurel

Ein König hatte einen Sohn, der stets unzufrieden auf dem Balkon saß und sich langweilte. Er wußte selbst nicht, was ihm fehlte. Die Weisen rieten: „Majestät, sucht einen ganz zufriedenen Menschen und vertauscht sein Hemd mit dem eures Sohnes!" Alle Beamten wurden ausgesandt, einen solchen Menschen zu entdecken – vergebens!
Da stößt der König bei der Jagd auf einen fröhlich singenden Arbeiter im Weinberg. Der gesteht: „Ich bin restlos zufrieden, möchte weder mit Papst noch König tauschen." Der König bittet: „Mein Sohn ist sterbenskrank. Er braucht als Medizin das Hemd eines Zufriedenen. Ich werde dir jeden Preis zahlen."
„Majestät, da kann ich nicht dienen – ich habe kein Hemd!"

Italienisches Märchen

Ich habe in meinem Leben viele kluge und gute Bücher gelesen. Aber ich habe in ihnen allen nichts gefunden, was mein Herz so still und froh gemacht hätte, wie die vier Worte aus dem 23. Psalm: „Du bist bei mir."

Immanuel Kant

Begeistert

Auch wer begeistert ist, darf nicht vergessen:
Erfolg ist keiner der Namen Gottes.

Als sie auf der Höhe des Ölbergs angekommen waren und
Jerusalem vor ihnen lag, jubelten und sangen die Menschen,
sie dankten Gott für die vielen herrlichen Wunder, die Jesus
getan hatte. Laut sangen sie: „Heil dem König, den Gott uns
sendet! Gott hat Frieden mit uns geschlossen. Lob und Ehre
dem Allerhöchsten!"
Empört riefen da einige Pharisäer aus der Menge: „Meister, ver-
biete das den Leuten! Das ist Gotteslästerung!" Er antwortete
ihnen nur: „Wenn sie schweigen, dann werden die Steine am
Wege schreien."

Lukas 19, 37–40

Jetzt ist der Himmel aufgetan, jetzt hat er wahres Licht!
Jetzt schauet Gott uns wieder an mit gnädigem Gesicht.
Jetzt scheinet die Sonne der ewigen Wonne!
Jetzt lachen die Felder, jetzt jauchzen die Wälder,
Jetzt ist man voller Fröhlichkeit.
Jetzt ist die Welt voll Herrlichkeit und voller Ruhm und Preis.
Jetzt ist die wahre, goldne Zeit wie einst im Paradeis.
Drum lasset uns singen mit Jauchzen und Klingen,
frohlocken und freuen;
Gott in der Höh sei Lob und Ehr.

Angelus Silesius

Was hilft dir alles Gefühl, wenn dir nicht ein klarer geweck-
ter Verstand weite Ausblicke eröffnet, wenn du nicht an seiner
Hand in Tiefen gelangst, die dir sonst ewig verschlossen geblieben wären? Nein, Gefühl und Verstand gehören aufs engste
zusammen. Aber das Gefühl ist das Größere von ihnen.

Christian Morgenstern

Wenn wir auferweckt werden, dann werden wir sehen, was wir jetzt geglaubt haben. Wir sind wohl zu heiser und haben nicht die rechte Stimm, dennoch wollen wir mitbrummen, was wir können: Ehre sei Gott!

Martin Luther

Aus einem Kinotheater Berlins wälzt sich eine Menge, die ihrem persönlich anwesenden Liebling huldigt. Die Huldigung der Begeisterten besteht hauptsächlich darin, daß sie einander stoßen und niederwerfen.
Hiermit nicht genug, schreien andere, die auf Lastautos in die Menge der Kinobesucher hineinfahren, etwas dazwischen: keine Huldigungen, sondern Weckrufe. Sie ihrerseits meinen keinen Liebling, sondern Deutschland, das sie wecken wollen.
Aber eine ebenso heftige wie anfechtbare Überzeugung haben diese wie jene, und es ist im Grunde der gleiche Irrsinn.
Zu wünschen ist ein Deutschland der Vernunft, das zweifelt, Milde kennt und deshalb um nichts weniger handelt.

Heinrich Mann

Eine junge und schöne Kirche, manchmal träume ich davon,
eine tanzende Kirche mit Blumen im Haar,
ein großes, fröhliches Kind,
himmelhochjauchzend verzückt, mit geschlossenen Augen,
verrückt vor Liebe in deinen Armen, Jesus,
an dich geschmiegt, die Schönste von allen.
Manchmal sehe ich sie schon mit meinen Augen,
diese junge verliebte Kirche, in all diesen großen Kindern
und in diesen ausgewachsenen Leuten,
die immer noch ein bißchen wie Kinder sind.

Lothar Zenetti

Unverhofft _____

Die unverhofften Augenblicke unseres Lebens
zählen oft zu den schönsten.

Ihr sollt so leben wie Diener, die auf die Rückkehr ihres Herrn
warten, der von einer Hochzeit kommt. Seid wie sie dienstbe-
reit und laßt eure Lampen angezündet. Wenn ihr Herr zurückkommt und klopft, können sie ihm schnell öffnen. Das wird
für alle, die ihn erwartet haben, eine große Freude sein. Ich bin
sicher, der Herr wird sie bitten, am Tisch Platz zu nehmen, und
er selbst wird sich eine Schürze umbinden und sie bedienen.
Vielleicht kommt er spät am Abend, vielleicht auch erst um
Mitternacht. Aber wenn er kommt, werden seine Diener allen
Grund zur Freude haben, wenn sie bereit sind.
Ihr wißt aber nicht genau, wann der Herr zurückkommt.
Darum müßt ihr jederzeit auf seine Ankunft vorbereitet sein,
denn der Menschensohn wird wiederkommen, wenn ihr am
wenigsten damit rechnet.

Lukas 12, 35–40 (in Auswahl)

Des macht gar nix, hat der Schüler gsagt,
daß unser Religionslehrer nimmer von Gott redt,
dafür liest er oiwei moderne Literatur,
und der Deutschlehrer diskutiert dafür über Politik.
In politischer Bildung mal ma Plakate und Plaketten,
dafür berechnen mia in Kunsterziehung Flächen und Körper.
In Mathematik und Geometrie unterhalt ma uns
über Bevölkerungsstatistiken in andere Länder.
In Geographie sing ma dann Protestsongs aus der Dritten Welt.
In Musik redt ma über die Anatomie der Sprachorgane,
in Biologie über ethische Probleme der Genforschung,
in Ethik über Atomenergie.
Und unser Physiklehrer, der macht was ganz Interessants,
der zoagt de Grenzn der Naturwissenschaften auf
und redt wieder von Gott.

Helmut Zöpfl

Ich blieb mit den Kindern allein. Mein Mann ging mit einer anderen Frau weg. Die Leute sagten mir: „Du mußt vorwärts gehen." Ich habe mir Arbeit gesucht und gemerkt, daß ich allein ohne Mann vorankomme. Ich kümmerte mich um meine Kinder. Ich schickte sie in die Schule. Ich versuchte, ihnen mehr Liebe zu geben, als mein Mann ihnen geben wollte. Ich arbeitete und arbeitete.

Eines Abends sah ich ihn kommen. Er kam zurück. Ich fuhlte großes Mitleid mit ihm. Er kam rein, setzte sich schweigend an den Tisch, als ob er müde wäre, niedergeschlagen, reumütig. Ich schaute ihn nicht an.

Er sagte zu mir: „Rosa, ich komme nach Hause zurück." Ich schaute ihn nicht an, als ich ihm die Tasse Tee anbot.

Aus Chile

Aufstehen, Straßenbahn, vier Stunden Büro oder Fabrik, Essen, Straßenbahn, vier Stunden Arbeit, Essen, Schlafen, Montag, Dienstag, Mittwoch, Donnerstag, Freitag, Samstag, immer derselbe Rhythmus – das ist sehr lange ein bequemer Weg. Eines Tages aber steht das „Warum" da, und mit diesem Überdruß, in den sich das Erstaunen mischt, fängt alles an.

Albert Camus

Simon Silberfisch hat die Gebote sein Leben lang großzügig ausgelegt. Sein Freund bezweifelt, daß er in den Himmel kommen wird. „Werde ich kommen", behauptet Simon. „Ich werde gehen zur Himmelstür, werde sie zumachen, werde sie aufmachen, werde sie zumachen und werde sie aufmachen und werde sie zumachen. Dann wird kommen der heilige Petrus und schreien: ‚Raus oder rein!' Na, geh ich hinein."

Versorgt

Die Sonne scheint für dich – deinetwegen –,
und wenn sie müde wird, beginnt der Mond,
und dann werden die Sterne angezündet.

Sören Kierkegaard

Ein Araber hatte sich in der Wüste verirrt. Zwei Tage hatte er
nichts zu essen und war in Gefahr, vor Hunger zu sterben,
bis er endlich auf eine der Wassergruben traf, aus denen die
Reisenden ihre Kamele tränken, neben welcher er im Sand
einen ledernen Sack liegen sah.
„Gott sei gelobt", sagte er, als er ihn aufhob und anfühlte. „Das
sind, glaube ich, Datteln oder Nüsse; wie will ich mich an ihnen
erquicken und laben!" In dieser süßen Hoffnung öffnete er den
Sack, sah, was er enthielt, und rief enttäuscht aus: „Ach, es sind
nur Perlen!"

Aus dem Orient

Gegen Abend kamen die Jünger zu Jesus und sagten: „Es ist
spät geworden, und die Gegend ist einsam. Schick doch die
Leute weg, damit sie in die Dörfer gehen und sich dort etwas
zu essen kaufen können!"
Aber Jesus antwortete: „Das ist nicht nötig. Gebt ihr ihnen
doch zu essen!" „Wir haben ja nur fünf Brote und zwei Fische
hier!" meinten seine Jünger. „Dann bringt sie her!" sagte Jesus.
Er forderte die Leute auf, sich im Gras zu lagern. Er nahm die
fünf Brote und die zwei Fische, sah zum Himmel auf und
dankte Gott. Dann teilte er das Brot, und die Jünger gaben es
an die Menge weiter.
Jeder aß sich satt. Als man anschließend die Reste einsammelte,
da waren es noch zwölf volle Körbe. Etwa fünftausend Männer hatten an der Mahlzeit teilgenommen, außerdem noch
viele Frauen und Kinder.

Matthäus 14, 15–21

Der arme Verwandte hat sich einquartiert und macht keine Anstalten, wieder abzureisen. „Hast du denn gar keine Sehnsucht nach deiner Frau?" fragt der Hausherr endlich. „Du hast recht", antwortet der Gast. „Ich werde ihr schreiben. Sie soll herkommen."

Es ist wahr: Ich verdiene noch meinen Unterhalt. Aber glaubt mir: Das ist nur ein Zufall. Nichts von dem, was ich tue, berechtigt mich dazu, mich sattzuessen. Zufällig bin ich verschont. (Wenn mein Glück aussetzt, bin ich verloren.)
Man sagt mir: Iß und trink du! Sei froh, daß du hast! Aber wie kann ich essen und trinken, wenn ich dem Hungernden entreiße, was ich esse, und mein Glas Wasser einem Verdurstenden fehlt?
Und doch esse und trinke ich.

Bertolt Brecht

Wenn wir uns den Traum, daß die Hungernden satt werden, verbieten lassen, dann haben wir uns von Gott getrennt, jedenfalls von dem der Bibel.

Dorothee Sölle

Nun weiß ichs, Liebster, dieses ist das Glück.
Nach all dem Wirrsal und den irren Fahrten
blieb uns zuletzt das Beste doch zurück:
des Abends mit dem Kind auf dich zu warten.
Und klein zu sein mit ihm im kleinen Spiel,
und in sein Schweigen still hineinzulauschen,
das Gestern in ein Morgen einzutauschen,
die Brücke neu zu baun, da sie zerfiel.
Was sie auch nahmen, dieses Eine blieb.
Laß uns dies auch in grauen Stunden wissen.
Herr, gib du allen, die das Schwert vertrieb,
ein Dach, ein Brot, ein Kind, ein eigen Kissen.

Mascha Kaléko

Weitblickend

Deine Welt ist größer, als das Fenster, das du ihr öffnest.

Der Beamte in der Seebehörde bekam einen leidenden Gesichtsausdruck, als John sagte, er wolle auf Entdeckungsreise fahren. „Entdeckt ist doch schon alles", sagte der Mann, „wir müssen es nur noch bewachen".
„Ich kann warten", sagte John heiter. Er hatte Vertrauen in die Zukunft.

Sten Nadolny

Sorge dich nicht, wohin dich der einzelne Schritt führt:
Nur wer weit blickt, findet sich zurecht.

Dag Hammarskjöld

Gott sprach zu Abraham: Blick auf und schau von der Stelle, an der du stehst, nach Norden und Süden, nach Osten und Westen. Das ganze Land nämlich, das du siehst, will ich dir und deinen Nachkommen für immer geben.
Ich mache deine Nachkommen zahlreich wie den Staub auf der Erde. Nur wer den Staub auf der Erde zählen kann, wird auch deine Nachkommen zählen können. Mach dich auf, durchzieh das Land in seiner Länge und Breite; denn dir werde ich es geben.

1. Mose 13, 14–17

Im Nebel ruhet noch die Welt,
noch träumen Wald und Wiesen:
Bald siehst du, wenn der Schleier fällt,
den blauen Himmel unverstellt,
herbstkräftig die gedämpfte Welt
in warmem Golde fließen.

Eduard Mörike

Wer sich an die Vergangenheit nicht erinnern kann,
ist dazu verdammt, sie zu wiederholen.

Nur sechsmal kirchturmhoch über den Dingen, und schon
wird alles rührend klein und ein bißchen spaßig. Und wenn
man das erwägt, dann darf man dem lieben Gott nicht ver-
übeln, daß er manchmal unser Gestrampel von der heiteren
Seite nimmt, wie es den Anschein hat.

Karl Heinrich Waggerl

Menschen, die aus der Hoffnung leben, sehen weiter.
Menschen, die aus der Liebe leben, sehen tiefer.
Menschen, die aus dem Glauben leben,
sehen alles in einem anderen Licht.

Lothar Zenetti

Ein Rabbi lebte lange Zeit mit seiner Frau in großer Armut.
Am Sabbatabend steckte die Frau die Kerzen in einen Leuch-
ter aus Lehm, den sie selber geknetet hatte.
Später wurden sie reich.
An einem Sabbatabend sah der Rabbi, als er, vom Bethaus
heimkommend, die Stube betrat, wie seine Frau mit einer stol-
zen Freude den breitarmigen Silberleuchter betrachtete. „Dir
ist jetzt hell", sagte er, „mir ist damals hell gewesen".

Martin Buber

Schöpferisch _____

Gott ist die Freude.
Deshalb hat er die Sonne vor sein Haus gestellt.

Franz von Assisi

Hier tritt ungebeten nur der Wind durchs Tor.
Hier ruft nur Gott an.
Unzählige Leitungen läßt er legen vom Himmel zur Erde.
Vom Dach des leeren Kuhstalls
aufs Dach des leeren Schafstalls
schrillt aus hölzerner Rinne der Regenstrahl.
Was machst du? fragt Gott.
Herr, sag ich, es regnet, was soll man tun?
Und seine Antwort wächst grün durch alle Fenster.

Reiner Kunze

Solange wir das Leben haben, sollen wir es mit den uns eigenen Farben der Liebe und der Hoffnung malen.

Marc Chagall

So spricht Gott, der Herr, der den Himmel wölbte, der die
Erde machte und ihr Gewächs, der dem Menschen den Atem
gab und den Geist allen, die über die Erde gehen: Ich, der Herr,
habe dich in Gnaden berufen. Ich halte deine Hand und
behüte dich.
Ich habe dich unter die Menschen gesandt, daß du sie zu mir
bringst und meine Barmherzigkeit zu ihnen. Zu einem Licht
mache ich dich für die Völker. Blinden sollst du die Augen
öffnen, die Gefangenen aus dem Gefängnis führen und aus
dem Kerker alle, die im Finstern sind.

Jesaja 42, 5–7

Gott gab uns Hände, damit wir handeln.
Er gab uns Füße, daß wir fest stehn.
Gott will mit uns die Erde verwandeln.
Wir können neu ins Leben gehn.

Eckart Bücken

Solange ich meine schöpferischen Gaben beachtet habe, konnte ich frei beten und als Mensch wachsen. Habe ich mich jedoch an der Leugnung dieser Gaben beteiligt oder sie unterdrückt, so ging es mir schlecht. Meine Liebe zum Leben schwand. Ich betete nicht mehr. Ich wurde kleinmütig und zynisch oder trieb mich bis an den Punkt, wo ich erschöpft und ausgebrannt war. Ich litt dann an Arbeitszwang, um so auszugleichen, was ich meinem schöpferischen Selbst verweigerte.

Meister Eckart

Wenn ich mir etwas in den Kopf gesetzt habe, dann lasse ich so schnell nicht locker. Und meine Ideen haben meine Mitarbeiter manches Mal schon in Verlegenheit gebracht. Zu Beginn meiner Amtszeit als Ministerin sagte ich meist, was ich wollte und auf welchem Weg ich es wollte. Und die Experten antworteten: So geht es nicht, das paßt nicht ins System, gesetzliche Bestimmungen stehen dem entgegen.
Jetzt stelle ich es schlauer an. Ich nenne mein Ziel und bitte meine Fachleute, Wege dahin vorzuschlagen. Das setzt Kreativität frei, wir haben schon schier Unmögliches geschafft.

Regine Hildebrandt

Verändert ─────────────────

Schön ist alles, was man mit Liebe betrachtet.

Christian Morgenstern

Ich habe mich noch nie so gut, auch so sicher und meiner selbst bewußt gefühlt wie heute, noch nie so wenig mit Selbstzweifeln und Minderwertigkeitsgefühlen zu kämpfen gehabt. Ich war noch nie so vital wie heute. Aber ich sehe nicht so aus. Die hängenden Lider, die Tränensäcke lassen mich traurig und müde aussehen, bekümmert und deprimiert.
Aber das bin ich nicht. Ich erkenne mich nicht in diesem Spiegelbild am Morgen, in dieser schlaffer werdenden Haut. Ich bin eine andere. Das ist wie eine Verunsicherung der Identität, ein Stück Identitätsverlust. Wir passen nicht mehr zusammen, diese Augen und ich.
Ich möchte wieder so aussehen, wie ich mich fühle, wie ich mich verstehe, wie ich bin.

Dörte Binkert

Als ich Gefangener war in deinem Haus und die Türen noch verschlossen waren, plante mein Herz ständig zu fliehen. Jetzt, da du die Türen und Fenster geöffnet hast, bleibe ich.

Rabindranath Tagore

Wenn dein Bruder sündigt, weise ihn zurecht; und wenn er sich ändert, vergib ihm. Und wenn er sich siebenmal am Tag gegen dich versündigt und siebenmal wieder zu dir kommt und sagt: Ich will mich ändern, so sollst du ihm vergeben.

Lukas 17, 3.4

Verhältnisse verändern ist entweder ein mühsames oder ein gewaltsames Beginnen. Wer sich gegen die Gewalt entscheidet, muß die Mühsal wählen. Wer die Mühsal scheut, hat sich schon für die Gewalt entschieden.

Friedrich Schwanecke

Niemand hat heute eine Vision. Niemand sagt, was werden soll und wo es langgeht. Das geistige Leben ist durch Ratlosigkeit und beklemmende Leere charakterisiert.
Es muß doch möglich sein, die marktwirtschaftlichen Strukturen so zu ergänzen, daß die Menschen veranlaßt werden, sich menschlich zu verhalten und nicht wie Raubtiere nach Beute zu gieren.

Marion Gräfin Dönhoff

Da habe ich einen gehört,
wie er aufseufzte: „Du liebe Zeit!"
Was heißt da „Du liebe Zeit"?
„Du unliebe Zeit", muß es heißen.
„Du ungeliebte Zeit!"
von dieser Unzeit, in der wir
leben müssen. Und doch:
Sie ist unsere einzige Zeit,
unsere Lebenszeit.
Und wenn wir das Leben lieben,
können wir nicht ganz lieblos
gegen diese unsre Zeit sein.
Wir müssen sie ja nicht genau so lassen,
wie sie uns traf.

Erich Fried

Angesehen

Jeder Mensch ist ein Mensch.

Heinrich Albertz

Du verstehst mich, siehst mich, wie ich bin,
du stehst zu mir, auch wenn du es anders siehst.
Du begleitest mich, sagst ja, weil ich bin.

Max Feigenwinter

Ein Gesicht bekommt ein Mensch, nicht indem er sich im Spiegel betrachtet, sondern indem er auf etwas sieht, etwas wahrnimmt, von etwas gebannt ist, was außerhalb seiner selbst ist. So lernt ein Mensch, sich von außen zu verstehen: von der Kraft seiner Mütter und Väter her, von der Kraft seiner Brüder und Schwestern.

Fulbert Steffensky

Wenn ich von meiner Mutter träumen wollte, brauchte ich nur an sie zu denken. Zum Beispiel, wie sie einmal in der Nacht auf dem Hof gewaschen hat, und wie ich aufgestanden bin. Um den Vater nicht zu wecken, schlich ich auf Zehenspitzen zu ihr. Erst jagte sie mich weg, damit ich wieder schlafen ginge. Aber dann legte sie mir ihre warme Strickjacke über die Schultern und zog mir etwas über die Füße; ich durfte einen Augenblick bei ihr bleiben.
Ich saß auf einem Holzhaufen und schaute ihr zu, wie sie sich über das Waschbrett beugte und immer wieder ihr Haar aus dem Gesicht pustete. Sie lachte mich dabei an.
„Was sind Sterne, Mutti?" „Augen." „Wessen Augen, Mutti?" „Vom lieben Gott." „Hat er so viele?" „Er muß alle Menschen sehen." „Auch mich?" „Auch dich muß er sehen."
Ich bin unter ihren großen Waschtrog gekrochen. „Jetzt sieht er mich nicht!"

Jan Procházka

Weil du, Gott, einen Namen hast und ein Gesicht,
habe ich auch einen Namen und ein Gesicht.
Darum will ich meinen Namen
und mein Gesicht heilig halten
und dafür sorgen, daß niemand
bei seiner Nennung und seinem Anblick erschrickt.

Bernhard Meuser

Gott sprach zu Samuel: Nimm Öl mit dir und gehe zu Isai nach Bethlehem. Dann werde ich dir sagen, was du tun sollst. Du wirst den salben, den ich dir zeige. Samuel tat, was Gott geredet hatte, und ging nach Bethlehem.

Dort kamen ihm die Ältesten entgegen. Sie hatten angst und fragten: Warum kommst du? Bringst du Frieden? Er sprach: Ja, ich bringe Frieden! Ich will dem Herrn ein Opfer bringen. Reinigt euch und geht mit mir. Er ließ auch Isai und seine Söhne rufen.

Als Samuel die sieben Söhne sah, dachte er: Unter denen ist der, den Gott als König haben will. Gott aber sprach zu Samuel: Achte nicht auf das Äußere und auf die große Gestalt. Für den Menschen ist wichtig, was sie mit Augen sehen. Der Herr aber sieht ins Herz.

Isai ließ seine Söhne an Samuel vorübergehen. Samuel aber sprach: Gott hat sie nicht erwählt. Dann fragte er Isai: Sind das alle deine Söhne? Isai sprach: Der jüngste fehlt. Er ist bei den Schafen und hütet sie. Samuel sprach: Schicke einen und laß ihn holen!

Isai ließ seinen jüngsten Sohn, David, holen. Er hatte hellbraune Haare und schöne Augen und sah gut aus. Gott sprach: Auf, Samuel, salbe ihn, denn dieser ist es! Samuel nahm das Gefäß mit Öl und salbte David vor seinen Brüdern. Da kam Gottes Geist über David und blieb bei ihm.

1. Samuel 16, 1–13 (in Auswahl)

Spannungen aushalten

Wissen

Manchmal pikt's einen,
als wär's ein Stachel vom Baum der Erkenntnis.

Stanislaw Jerzy Lec

Mein Sohn Matthes schenkte mir zwei kleine Schiffe. Sie sind
aus goldenem Stanniolpapier und haben eine besondere
Eigenart: Niemand sieht ihnen an, daß sie Schiffe sind.
Gekrümmte Papierblättchen. Wenn ich es nicht von Matthes
erfahren hätte, so wüßte auch ich nicht, daß es zwei Schiffe
sind. „Wozu hast du die Goldpapierfetzchen auf dem Bücher-
regal?" werde ich gefragt. „Laßt sie liegen; es sind zwei Schiffe!"
Die Schiffe werden auf dem Bücherbord bleiben, bis der älter
gewordene Matthes mir etwas anderes dafür hinstellt.

Erwin Strittmatter

Seht ihr den Mond dort stehen?
Er ist nur halb zu sehen
und ist doch rund und schön!
So sind wohl manche Sachen,
die wir getrost belachen,
weil unsre Augen sie nicht sehn.

Matthias Claudius

Geringes Wissen, das tatkräftig angewendet wird, ist unendlich viel mehr wert, als großes Wissen, das brach liegt.

Kahlil Gibran

Keine Zeit hat so viel und so mannigfaltiges vom Menschen
gewußt wie die heutige, und keine Zeit wußte weniger, was der
Mensch sei, als die unserige.

Martin Heidegger

Können Sie mir sagen, wo ich hin will?

Karl Valentin

Viele suchen in den Dingen, die sie betreiben, unbewußt nur sich selbst und wissen es nicht.

Thomas von Kempen

Das Jahrhundert hat beschlossen, Wissen vor Glauben zu stellen. Aber alles, was wir heute wissen, wird in einem Jahr oder Jahrzehnt widerlegt oder überholt sein. Wodurch kann man denn im Innersten seiner selbst eine Bestätigung haben? Doch nur durch den Glauben!

Konstantin Wecker

Lieber Gott, hilf mir, mein großes Maul zu halten, wenigstens so lange, bis ich genau weiß, über was ich rede.

Himmel und Erde werden vergehen; aber meine Worte werden nicht vergehen. Von dem Tage aber und von der Stunde weiß niemand, auch die Engel im Himmel nicht, auch der Sohn nicht, sondern allein der Vater.

Matthäus 24, 35.36

Du bist du, der du bist,
den wir mit vielen Namen nennen,
doch nie ganz erfassen, nie begreifen können.
Wie dankbar sind wir,
daß wir dich erfühlen und erahnen.
Und unsere Seele mit Bestimmtheit weiß:
Du bist!

Hermine Meyerding

Fürchten

Wer sich fürchtet, denkt langsamer, läuft aber schneller.

Laß uns wieder lernen, den Augenblick zu genießen,
zu nehmen, was ist, mit beiden Händen,
hier und jetzt zu leben,
bevor wir das Leben verbracht haben
mit sorgenvollen Blicken in die Zukunft
und den Erinnerungen an die gute alte Zeit.

Jochen Mariss

Die Haus und Wohnung untersuchen lassen
aus Angst: Wasseradern könnten da unter der
Erde verlaufen und Erdstrahlen kreuzen, und
die ihr Bett aus der Gefahrenzone rücken –
sind die außer Gefahr?
Die ihre Fenster geschlossen halten
vorsorglich, damit die vergiftete Luft von
draußen nicht eindringt, und die kein Kleid
und kein Hemd mehr anziehn aus Kunststoff,
und die beim Essen ganz konsequent verzichten
auf Fleisch und Wurst und weißes Mehl und
selbstverständlich auf Süßes und vorsichtig
sind bei ungewaschenem Obst und überhaupt –
werden die davonkommen?
Und die auf der Straße jede Begegnung
vermeiden mit Unbekannten und jede Berührung,
die selbst die Augen vor Blicken sorgsam
verhüllen und ohne Mundschutz nicht atmen,
die sogar die Gedanken verschließen, die
Post nicht öffnen und die täglichen
Nachrichten von sich fernhalten –
werden die überleben?
Die werden vielleicht überleben.
Die werden auch nicht überleben.

Lothar Zenetti

Zum Weinen war ich zu erschöpft. Und als mir später die Tränen kamen, drängte ich sie zurück. Wenn du Theater machst, sagen sie dir nie die Wahrheit. Also Mut vortäuschen, Ausgeglichenheit, Heiterkeit. Und das hab ich auch durchgehalten. Noch immer hat mein Chirurg nicht nach mir geschaut. Wer ist eigentlich verantwortlich für mich? Wer setzt sich einmal an mein Bett? Die Stationsärztin tut es endlich, sie muß es mir angesehen haben, wie dringend ich eine Aussprache brauche. Natürlich lügt sie: „Das war kein Krebs, sondern Unruheherde, die sehr verstreut waren und zur Vermehrung neigen. Bestrahlung muß aus Vorsicht gemacht werden." Ich weigere mich, mitzuspielen, ich frage: „Besteht die Möglichkeit, daß nicht alles entfernt wurde?" „Nein". Ihre Haltung überzeugt mich nicht. Trotzdem gibt sie mir zum erstenmal etwas Mut.

Maxie Wander

Wenn man sich anschaugt, was de Menschen im Lauf der Geschichte alles angestellt haben: gemartert und gefoltert, derschlagn und erdrosselt, aufghängt, erschoßn, vergift, ozundn, abbrennt und verwüast, alls bloß, wias gsagt habn, im Kampf gega des Böse in dera Welt. Wenn ma sich des so anschaugt, dann kaannt ma fast mehr Angst als wia vorm Bösn vor dene kriagn, de des Guate durchsetzn wolln ... mit Gewalt.

Helmut Zöpfl

Gott, sei mir gnädig, denn Menschen stellen mir nach;
täglich bekämpfen und bedrängen sie mich.
Meine Feinde stellen mir täglich nach;
denn viele kämpfen gegen mich voll Hochmut.
Wenn ich mich fürchte, so hoffe ich auf dich.
Ich will Gottes Wort rühmen,
auf Gott will ich hoffen und mich nicht fürchten.
Was können mir Menschen tun?

Psalm 56, 2-5

Fordern ─────────────────

Wer nur gibt und nicht fordert, geht am Ende leer aus.

Daß die Menschen von Wünschen und Begierden nach Sachen verzehrt werden, ist nicht ihr größtes Gebrechen. Haben wollen, und nicht rasch genug bekommen, scheint mir nicht das Hauptproblem. Viel schlimmer ist es, daß sie nichts zu geben haben. Auf eine kurze Formel gebracht: Haben wollen, aber unfähig sein, zu geben – das ist das Dilemma!

Maxie Wander

Ich weiß nicht, ob es besser wird, wenn es anders wird.
Ich weiß nur, daß es anders werden muß,
wenn es besser werden soll.

Michael kommt von der Prüfung nach Hause. „Wie war's?" fragt der Vater. „Großartig", antwortet Michael, „alle Professoren sind entzückt, fordern Wiederholung."

Nachdem Reb Mojsche manchen Beruf ausprobiert hatte, beschloß er, Räuber zu werden. Er nahm ein großes Küchenmesser, ging damit in den Wald und versteckte sich hinter einem Baum, der nahe bei der großen Landstraße stand. Er wartete stundenlang, ohne daß irgend jemand daherkam. Schließlich sieht er einen Wagen kommen. Mojsche gibt dem Reisenden zu verstehen, daß er halten soll, was jener auch tut. „Was macht ihr hier", fragt jener, „so ganz allein im Wald?" „Was ich hier mache? Ich bin ein Räuber." „Nun und?" „Nun und? Ich bin ein Räuber, sag ich euch, und will euch alles wegnehmen. Gebt euer Geld her!" „Mein Geld kann ich euch nicht geben, denn ich muß zum Jahrmarkt." „Dann will ich den Wagen und das Pferd." „Und ich soll zu Fuß gehen?" „Vielleicht den Mantel?" „Und ich soll frieren?" Jetzt geht Reb Mojsche die Geduld aus, und er schreit wütend: „So gebt mir wenigstens eine Prise Tabak!"

Ein Mensch, so grade in der Mitten,
nicht just verehrt, doch wohlgelitten,
zwingt, anstatt still sein Los zu leiden,
schroff Freund und Frau, sich zu entscheiden.
Und jene, die viel lieber lögen,
erklären, daß sie ihn wohl mögen,
jedoch, sollt klar gesprochen sein,
dann sagten sie doch lieber nein.
Der Mensch, sonst nach Gebühr geduldet,
hat dieses Urteil selbst verschuldet:
Denn es gibt Dinge auf der Welt,
die man nicht auf die Probe stellt,
weil sie, wie, ach, so viel im Leben
sich halten lassen nur im Schweben.

Eugen Roth

Was wir nicht so sehr brauchen, und zwar nicht nur bei uns, sondern auf der ganzen Welt, das sind Arrogante, Hochmütige und Eingebildete, die immer noch meinen, nur sie allein würden dringend gebraucht.
Was wir brauchen, sind Demütige, die aus Liebe und Respekt vor jeder Kreatur wissen, daß sie nur mit allen anderen – nur mit allen anderen zusammen etwas wert sind. Nicht der Alleskönnende, nicht der Alleswissende und der Allesbeherrschende, sondern der sich Bescheidende, der mit dem Herzen die Wissenschaft vermenschlicht und mit Heiterkeit die Herrschaften verunsichert.

Hanns Dieter Hüsch

Der Herr, euer Gott, verlangt von euch nur das eine, daß ihr ihn ernst nehmt, seinen Weisungen folgt und ihn mit ganzem Herzen und mit allen Kräften liebt und ehrt.

5. Mose 10, 12

Begegnen ─────────────

Wer sich auf den Weg macht, kann anderen begegnen.

Ich komme im Bus neben jemandem zu stehen, der mich begrüßt, mich fragt: Wie geht es Ihnen? Da wir inmitten vieler Leute stehen, ich zudem an der übernächsten Haltestelle aussteigen will, kann ich nur lügen: Gut. Oder – was schon recht kühn wäre –: nicht so gut. Der Wahrheit am nächsten käme wohl die Antwort: Ich weiß es nicht.

Kurt Marti

Oftmals begegne ich mir im Spiegel.
Wir streiten dann beide, meist jedoch bleiben wir Freunde.

Julio Roberto

Er kam auf mich zu und setzte sich dicht neben mich auf eine Bank am Straßenrand.
Wie heißt du? fragte er ganz ohne Scheu.
Ich heiße übrigens Marco. Sag, bist du öfter hier? Nein? Das ist schade. Weil – du gefällst mir nämlich.
In dem Moment kam eine Frau heran, sichtlich verwirrt und Marco rufend. Der sah sie an, warf einen letzten Blick zu mir aus diesen Augen voller Träume und einer Liebe, die die ganze Welt zu heilen fähig wär, rief grinsend Ciao und ging.
Vielleicht wird unser Sohn auch mal wie Marco sein, hab ich gedacht, als ich dem kleinen Jungen, der, die Hand seiner Mutter gefaßt, in der Ferne verschwand, zärtlich nachsah.

Sabine Middelhaufe

Mose bat: „Laß mich dich in deiner Herrlichkeit sehen!" Der Herr erwiderte: „Mein Gesicht darfst du nicht sehen, denn kein Mensch, der mich gesehen hat, bleibt am Leben! Aber du kannst hier bei mir auf dem Felsen stehen. Wenn ich dann in meiner Herrlichkeit vorüberziehe, stelle ich dich in eine Felsspalte und halte meine Hand schützend über dich, bis ich vorübergegangen bin."

2. Mose 33, 18–22 (in Auswahl)

Noch einmal, eh ich weiter ziehe
und meine Blicke vorwärts sende,
heb ich vereinsamt meine Hände
zu dir empor, zu dem ich fliehe,
dem ich in tiefster Herzenstiefe
Altäre feierlich geweiht,
daß allezeit
mich deine Stimme wieder riefe.
Darauf erglüht, tief eingeschrieben,
das Wort: dem unbekannten Gotte.
Sein bin ich, ob ich in der Frevler Rotte
auch bis zur Stunde bin geblieben.
Sein bin ich – und ich fühl die Schlingen,
die mich im Kampf darniederziehn
und, mag ich fliehn,
mich doch zu seinem Dienste zwingen.
Ich will dich kennen, Unbekannter,
du tief in meine Seele Greifender,
mein Leben wie ein Sturm Durchschweifender,
du Unfaßbarer, mir Verwandter!
Ich will dich kennen, selbst dir dienen.

Friedrich Nietzsche

Alles wirkliche Leben ist Begegnung.

Martin Buber

Widersprechen

Um die Wahrheit zu erfahren,
muß man den Menschen widersprechen.

George Bernard Shaw

Bei einem der Nachbarn des Rabbi Mosche Löb waren mehrere Kinder nacheinander im zarten Alter gestorben. Die Mutter vertraute eines Tages ihren Kummer der Frau des Zaddik an. „Was für ein Gott ist denn der Gott Israels? Er ist grausam und nicht barmherzig. Er nimmt, was er gegeben hat." „Du darfst nicht so reden", sagte die Frau des Zaddik, „die Wege des Himmels sind unergründlich. Man muß lernen, sein Schicksal anzunehmen." In diesem Augenblick erschien Rabbi Mosche Löb auf der Türschwelle und sagte der unglücklichen Mutter: „Und ich sage dir, Frau, man muß es nicht annehmen! Man muß sich nicht unterwerfen. Ich rate dir zu rufen, zu schreien, zu protestieren, Gerechtigkeit zu fordern. Verstehst du mich, Frau? Man darf es nicht annehmen!"

Elie Wiesel

Mirjam will ein Haus bauen. Mama soll ihr helfen. Bei jedem Vorschlag widerspricht Mirjam, so daß Mama meint: „Ich hab jetzt keine Lust mehr, nichts gefällt dir." „Aber Mama, was hast du denn, du kannst doch alles machen, was ich will!"

Ein Mensch, der einen andern traf,
geriet in Streit und sagte: „Schaf!"
Der andre sprach: „Es wär Ihr Glück,
Sie nähmen dieses Schaf zurück!"
Der Mensch jedoch erklärte: Nein,
er säh dazu den Grund nicht ein.
Das Schaf, dem einen nicht willkommen,
vom andern nicht zurückgenommen,
steht seitdem, herrenlos und dumm,
unglücklich in der Welt herum.

Eugen Roth

Wer sagt, Kriege habe es immer gegeben, werde es immer geben, der unterstellt, daß Kriege gottgewollt sind. Er macht, vielleicht mit allerchristlichsten Redensarten, aus Gott einen Kriegsgötzen, der mit dem Pazifisten Jesus nichts mehr zu tun hat. Kriege sind nicht von Gott gewollt, sie werden vom Profitstreben nach Absatzmärkten und Einflußsphären entfesselt.

Kurt Marti

„Mach, daß du wegkommst!" schnaubte der Stier die Mücke an, die ihm im Ohr saß. „Du vergißt, daß ich kein Stier bin", sagte die; und stach ihn gemächlich.

Wolfdietrich Schnurre

Vierzig Tage und Nächte lang aß Jesus nichts. Der Hunger quälte ihn. Da kam der Teufel zu ihm und forderte ihn heraus: „Wenn du Gottes Sohn bist, dann mach aus diesen Steinen Brot!" Jesus antwortete: „Nein, denn es steht in der Heiligen Schrift: ‚Der Mensch lebt nicht allein von Brot, sondern von allem, was der Herr ihm zusagt!' Da nahm ihn der Teufel mit nach Jerusalem und stellte ihn an den Rand der Tempelmauer. „Spring hinunter!" forderte er Jesus auf. „Du bist doch Gottes Sohn! Und es steht geschrieben: ‚Gott wird seine Engel schicken. Sie werden dich auf Händen tragen, und du wirst dich nicht einmal an einem Stein verletzen!'" Jesus entgegnete ihm: „Es steht aber auch geschrieben:‚Du sollst Gott, deinen Herrn, nicht herausfordern!'" Nun führte ihn der Teufel auf einen hohen Berg und zeigte ihm alle Reiche der Welt und ihre Herrlichkeit. „Das alles gebe ich dir, wenn du vor mir niederkniest und mich anbetest", sagte er. Aber Jesus wies ihn ab: „Weg mit dir, Satan, denn es steht geschrieben: ‚Bete allein Gott, deinen Herrn, an und gehorche ihm!'" Da gab der Teufel auf und verließ ihn.

Matthäus 4, 2-11

Aufrichten

Wer andere in Not aufrichtet, richtet sich selber auf.

Rabbi Schlomo sprach: Wenn du einen Menschen aus dem Schlamm und Kot heben willst, wähne nicht, du könntest oben stehenbleiben und dich damit begnügen, ihm eine helfende Hand hinabzureichen. Ganz mußt du hinab, in Schlamm und Kot hinein. Da fasse ihn dann mit starken Händen und hole ihn und dich ans Licht.

Martin Buber

Jesus ging nach Nain. Seine Jünger und viele Leute folgten ihm. Als sie in die Nähe des Stadttors kamen, trafen sie auf einen Trauerzug. Der einzige Sohn einer Witwe sollte beerdigt werden, und zahlreiche Bewohner der Stadt begleiteten die Mutter. Als der Herr die Witwe sah, tat sie ihm sehr leid, und er sagte zu ihr: „Weine nicht!" Dann trat er näher und berührte die Bahre. Die Träger blieben stehen. Jesus sagte zu dem Toten: „Ich befehle dir: Steh auf!" Da richtete er sich auf und fing an zu reden, und Jesus gab ihn seiner Mutter zurück.

Lukas 7, 11-15

Zu einem alten Rabbi kam ein Mann und klagte: „Rabbi, mein Leben ist nicht mehr erträglich. Wir wohnen zu sechst in einem einzigen Raum. Was soll ich nur machen?" Der Rabbi antwortete: „Nimm deinen Ziegenbock mit ins Zimmer." Der Mann glaubte, nicht recht gehört zu haben. „Den Ziegenbock mit ins Zimmer?" „Tu, was ich dir gesagt habe", entgegnete der Rabbi, „und komm nach einer Woche wieder." Nach einer Woche kam der Mann wieder, total am Ende. „Wir können es nicht mehr aushalten, der Bock stinkt fürchterlich!" Der Rabbi sagte zu ihm: „Geh nach Hause und stell den Bock wieder in den Stall. Dann komm nach einer Woche wieder." Die Woche verging. Als der Mann zurückkam, strahlte er über das ganze Gesicht: „Das Leben ist herrlich, Rabbi. Wir genießen jede Minute. Kein Ziegenbock – nur wir sechs."

es ist etwas mit mir geschehn
ich ahne auch was es gewesen ist
doch wage ich kaum
es laut zu sagen
aus angst es zerbricht
ich spüre freude mit jedem nerv
ein singen das nicht enden will
vergangenheiten schweigen still
die welt wird in leuchtenden farben
neu mir gemalt
und finsternisse werden durchstrahlt
mit dem licht aller sterne die es gibt
einer hat zu mir gesagt
daß er mich liebt
das ist mit mir geschehn

Helga Roloff

Ein Mensch hat es bei sich bedacht,
daß Helfen wirklich Freude macht.
Er richtet einen andern auf
und kommt so nebenbei darauf,
daß er, indem er andre stützt,
zugleich dem eignen Wohlsein nützt.
Indem er einen andern hält,
erfährt er Halt in dieser Welt.
Es ist ein Wechselstrom. Punktum:
Die Richtung kehrt sich wieder um.
Was einem andern du erwiesen,
du kannst es schließlich selbst genießen.

Erich Puchta

Ich habe Gottes Hilfe zu oft erfahren,
als daß ich meine Schwermut dulden dürfte.

Jochen Klepper

Verbinden

Selbst, wenn du die Verbindung mit Gott abbrichst,
bleibt er doch mit dir verbunden.

Die Sintflut
aufgeschoben
An der Regengrenze
die Wölbung
an der alle Farben
teilhaben
An denen wir
Freigesprochene
teilhaben
Über die flüchtige
Friedensbrücke
gehn unsere Augen
zeitverbunden
Mensch an Mensch an Mensch

Rose Ausländer

Mein Tür-an-Tür-Nachbar, ein Chinese aus Hongkong,
kehrt, wenn er mit dem Besen kehrt,
zuerst vor meiner Tür, erst dann vor der seinen.
Er kennt unsere Redensart vom Kehren vor Türen nicht.
Mir ist sie geläufig, habe mich aber inzwischen
auch von ihr abgekehrt und kehre, wenn ich
mit dem Besen kehre, zuerst vor der Tür meines Nachbarn,
des Chinesen aus Hongkong, und dann erst vor meiner.
So sind bei seiner Rückkehr von der Arbeit
oder bei meiner Heimkehr die Treppen immer blank –
und die alten Regeln hinweggekehrt.
Kehraus der Abgrenzungen.

Hans Manz

So spricht Gott der Herr: Wehe den Hirten Israels, die sich selbst weiden! Sollen die Hirten nicht die Herde weiden? Aber: Das Schwache stärkt ihr nicht, und das Kranke heilt ihr nicht, das Verwundete verbindet ihr nicht, das Verirrte holt ihr nicht zurück, und das Verlorene sucht ihr nicht; das Starke aber tretet ihr nieder mit Gewalt. Und meine Schafe sind zerstreut, weil sie keinen Hirten haben, und sind allen wilden Tieren zum Fraß geworden und zerstreut.
Darum hört, ihr Hirten, des Herrn Wort! Ich will das Verlorene wieder suchen und das Verirrte zurückbringen und das Verwundete verbinden und das Schwache stärken und, was fett und stark ist, behüten; ich will sie weiden, wie es recht ist.

Hesekiel 34, 2–16 (in Auswahl)

Und als wir ans Ufer kamen
und saßen noch lang im Kahn
da war es, daß wir den Himmel
am schönsten im Wasser sahn.
Und durch den Birnbaum flogen
paar Fischlein, das Flugzeug schwamm
quer durch den See und zerschellte
sachte am Weidenstamm.
Was wird bloß aus unseren Träumen
in diesem zerrissnen Land
die Wunden wollen nicht zugehn
unter dem Dreckverband.
Und was wird aus unsern Freunden
und was noch aus dir aus mir
ich möchte am liebsten weg sein
und bleibe am liebsten hier.

Wolf Biermann

Eines Vogels Flug durch den weiten Himmel
trägt den Schauenden mit.

Vertrauen

Sobald du dir vertraust, sobald weißt du zu leben.

Johann Wolfgang Goethe

Als die Tochter drei Jahre alt war, kletterte sie während eines Urlaubs auf eine hohe Balustrade. Oben angelangt, verließ sie plötzlich der Mut, sie traute sich nicht herunter, weinte und schrie und jammerte. Da stellte sich die Frau unter die Balustrade, breitete beide Arme aus und rief: Spring nur, ich fange dich auf! Die Kleine holte tief Luft und sprang. Die Mutter konnte sie auffangen, hielt sie fest, preßte sie an sich, zitterte. Die Kleine, ganz ruhig nun, beinahe ein wenig trotzig, machte sich frei aus der Umarmung und sagte: Du bist doch da gewesen, Mama!

Anneliese Probst

Manchem ist dieses Wort verdächtig: Heutzutage, heißt es, kannst du keinem mehr trauen! Aber wer will leben ohne das, was wir Vertrauen nennen? Mögen wir auch immer wieder enttäuscht werden, wir müssen uns ein Herz fassen, uns buchstäblich trauen, aus dem Vertrauen zu leben.

Lothar Zenetti

Ich halte es für falsch, Sicherheiten in dieser Welt zu erwarten, wo alles außer Gott, der die Wahrheit ist, ungewiß ist.

Mahatma Gandhi

Wir liegen vor dir mit unserm Gebet
und vertrauen nicht auf unsre Gerechtigkeit,
sondern auf deine große Barmherzigkeit.

Daniel 9, 18

Mein Gott, ich stelle so überhöhte Ansprüche an mich. Nie kann ich ihnen gerecht werden. Immer bleibe ich weit hinter dem zurück, der ich gern sein möchte. Meine Erschöpfung wächst von Tag zu Tag. Heile mich von allem falschen Ehrgeiz. Weil ich dir wichtig bin, muß ich mich nicht wichtig machen. Weil ich dir wert bin, muß ich mir nicht selber einen Wert geben. Ich darf sein, der ich bin. Dank sei dir.

Rupert Lay

Eine gewisse Gleichgültigkeit gegen äußeren Mangel
ist das Zeichen starken Lebens und tiefen Lebensvertrauens.

Luise Rinser

Gemeinsam gehen. Lange Zeit.
Sich trennen können,
bevor der Haß die Seele zerstört.
Die Entwicklung des anderen achten,
ihn nicht zum Sklaven machen.
Dem anderen seine Talente glauben.
Ihn nicht zum Ja-Sager erziehen.
Dem anderen Lebensraum geben.
Niemanden zum Mitgehen zwingen.
Nachgeben können, ohne verbittert zu sein.
Großzügig denken. Glauben können!
Es ist ja genug da von allem und jedem.

Martin Gutl

Vertrauen heißt, jemanden weggehen sehen
in der sicheren Erwartung, daß er zurückkommt.

Begreifen

Jeder weiß, wieviel Uhr es ist.
Wie spät es ist, begreift keiner.

Die Jünger hatten vergessen, Brot mitzunehmen, so daß für alle nur ein Brot da war. Während sie über den See fuhren, warnte Jesus seine Jünger: „Hütet euch vor dem Sauerteig des Herodes und der Pharisäer!" Sie überlegten, was er wohl damit meinte: „Das sagt er bestimmt, weil wir das Brot vergessen haben." Jesus merkte, worüber sie sprachen, und fragte traurig: „Weshalb macht ihr euch gleich Sorgen, wenn ihr einmal nicht genug zu essen habt? Werdet ihr denn nie verstehen, was ich meine? Könnt ihr gar nichts begreifen? Ist euer Herz denn noch immer so hart und unempfänglich? Ihr habt doch Augen. Warum seht ihr nicht? Und ihr habt Ohren. Warum hört ihr nicht? Habt ihr vergessen, daß ich fünftausend Menschen mit fünf Broten gesättigt habe? Wieviel Körbe habt ihr mit Resten gefüllt?" Sie antworteten: „Zwölf!" „Oder denkt an die sieben Brote, die ich an viertausend Menschen verteilt habe! Wieviel blieb damals übrig?" Sie antworteten: „Sieben Körbe voll!" „Und da habt ihr immer noch nichts begriffen?" fragte sie Jesus.

Markus 8, 14-21

.
Jesus
wer war das bitte
fragte eine chinesin
verdutzt in einem deutschkurs
da lachten die einen
höflich die anderen
schallend
da waren sie alle
verblüfft
über sich selbst

May Ayim

Wenn wir Menschen nur begreifen würden, zu welcher Größe wir bestimmt sind, welch eine Würde wir in uns tragen und welch einen Respekt wir einander schulden, so könnte unverzüglich ein Reich der Freiheit, des Friedens und des Verstehens auf dieser Welt beginnen.

Eugen Drewermann

Einer meiner Fehler war, daß ich meinen Leib als Knecht betrachtet habe. Er hatte zu funktionieren. Das tat er auch – bis er, ein paar Monate vor meinem vierundsechzigsten Geburtstag, energisch rebellierte: Er ließ es zu, daß ich mir bei einem harmlosen Sturz die Kniescheibe brach. Ich lernte nichts daraus. Mit fast wütendem Eifer übte ich nach der Operation, um wieder fit zu werden. Da wehrte sich mein Körper massiver: mit Krebs. Zum Glück wurde er noch im Anfangsstadium entdeckt. Jetzt ging es ums Ganze. Ein paar Tage lang ergriff mich Panik. Nach einer Operation kam mir die Einsicht, daß ich mein Leben lang etwas falsch gemacht hatte. Ich lernte, was ich längst schon hätte lernen müssen: gut zu sein zu meinem Partner; mich für sein Befinden zu interessieren; ihm Entspannung zu gönnen.

Gudrun Pausewang

Gewiß ist es unsere Verpflichtung, die Rolle des barmherzigen Samariters für alle diejenigen zu übernehmen, die am Weg liegengeblieben sind. Aber das ist nur der Anfang. Eines Tages müssen wir begreifen, daß die ganze Straße nach Jericho geändert werden muß, damit nicht fortwährend Männer und Frauen geschlagen und ausgeraubt werden.

Martin Luther King

„Jankl, paß auf! Wenn du nimmst e Zwei und noch e Zwei, dann hast du vier." Jankl klärt und nickt. Darauf der erste: „Wenn du aber nimmst e Eins und e Drei, dann hast du wieder vier." Jankl klärt und meint: „Ja, aber es is e Dreh dabei."

Festhalten ────────────────

Was man als Kind geliebt hat,
bleibt im Besitz des Herzens bis ins hohe Alter.

Zwei Kinder spielen im Hof. Jedes hat einen Luftballon. Das eine Kind verliert die Leine, der Luftballon steigt zum Himmel. Das Kind weint herzzerreißend. „Der Luftballon ist weg. Der Luftballon ist weg." Nach einer Weile läßt auch das andere Kind im Spiel die Schnur seines Luftballons los. Auch dieser Luftballon steigt zum Himmel. Fröhlich tanzend klatscht das Kind in die Hände: „Schaut mal, wie schön er steigt! Er fliegt zur Sonne."

Joachim-Ernst Berendt

Halten – das heißt
nicht weiter – nicht näher – nicht einen Schritt
oder heißt Schritthalten
ein Versprechen – mein Wort oder Rückschau
Halten – dich
mich zurück – den Atem an – mich an dich
dich fest aber nicht dir etwas vorenthalten
Halten – dich in den Armen
in Gedanken – im Traum – im Wachen
Dich hochhalten gegen das Dunkel
des Abends – der Zeit – der Angst
Halten – dein Haar mit zwei Fingern
deine Schultern – dein Knie – deinen Fuß
Sonst nichts mehr halten
keinen Trumpf – keine Reden
keinen Stecken und Stab
und keine Münze im Mund

Erich Fried

Nichts ist so flüchtig
wie die Begegnung.
Wir spielen wie die Kinder,
wir laden uns ein und aus
als hätten wir ewig Zeit.
Wir scherzen mit dem Abschied,
wir sammeln noch Tränen wie Klicker
und versuchen ob die Messer schneiden.
Da wird schon der Name
gerufen.
Da ist schon die Pause
vorbei.
Wir halten
uns bange fest
an dem goldenen Seil
und widerstreben dem Aufbruch.
Aber es reißt.
Wir treiben hinaus:
hinweg aus der gleichen Stadt,
hinweg aus der gleichen Welt,
unter die gleiche,
die alles vermengende
Erde.

Hilde Domin

Prüft alles und behaltet das Gute!

1. Thessalonicher 5, 21

Greifen und festhalten kann ich seit der Geburt. Teilen und
schenken mußte ich lernen. Jetzt übe ich das Lassen.

Kyrilla Spieker

Handeln

Achte auf deine Gedanken. Sie sind der Anfang deiner Taten.

Jesus fügte noch ein Gleichnis hinzu: „Ein Fürst trat eine weite Reise an, um sich zum König krönen zu lassen. Bevor er abreiste, rief er zehn seiner Leute zu sich, gab jedem tausend Mark und sagte: ‚Setzt dieses Geld gewinnbringend ein! Ich komme bald zurück!‘ Er wurde gekrönt, kam als König in sein Land zurück, befahl die Leute zu sich, denen er das Geld gegeben hatte, und wollte wissen: ‚Was habt ihr damit gemacht?‘ Der erste berichtete: ‚Herr, ich habe das Zehnfache deines Geldes als Gewinn erwirtschaftet.‘ ‚Ausgezeichnet!‘ rief der König. ‚Das hast du gut gemacht! Du hast dich in dieser kleinen Aufgabe bewährt. Ich vertraue dir die Verwaltung von zehn Städten an.‘ Darauf trat der nächste Mann vor und berichtete: ‚Herr, ich habe das Fünffache deines Kapitals hinzugewonnen.‘ ‚Gut!‘ sprach sein Herr. ‚Du wirst Verwalter über fünf Städte.‘ Der dritte kam an die Reihe. ‚Hier hast du deine tausend Mark zurück. Ich habe gut auf dein Geld aufgepaßt!‘ sagte er. ‚Ich fürchte dich als harten Geschäftsmann. Bestimmt hättest du mir meinen Gewinn doch abgenommen. Denn du nimmst, was dir nicht gehört, und du erntest, was andere gesät haben.‘ ‚Du richtest dich mit deinen eigenen Worten, du Narr!‘ rief der König zornig. ‚Wenn du weißt, daß ich ein harter Geschäftsmann bin, warum hast du das Geld dann nicht bei der Bank eingezahlt? Dann hätte ich wenigstens Zinsen dafür bekommen!‘ Er forderte die Umstehenden auf: ‚Nehmt ihm das Geld ab und gebt es dem Mann, der das meiste erwirtschaftet hat.‘ ‚Aber Herr‘, widersprachen seine Leute, ‚der hat doch schon genug!‘ Da sagte ihnen der König: ‚Es ist nun einmal so: Wer das, was er hat, gewissenhaft nutzt, dem kann man noch mehr anvertrauen. Wer aber mit Wenigem nachlässig umgeht, dem wird man auch das noch nehmen.‘“

Lukas 19, 11–26 (in Auswahl)

Unrecht tut oft derjenige, der etwas nicht tut,
nicht nur der, der etwas tut.

Marc Aurel

Das Leben geht nur,
wenn ich hoffe und handle, als ob es ginge.

Hans Ekkehard Bahr

Laß es nicht nur beim Reden. Auch ohne daß man Mitglied einer Partei wird, kann man sich als Basisbürger tätig ins Geschehen einmischen. Hilf mit, daß unbezahlte Arbeit, die der Allgemeinheit zugute kommt, wieder Anerkennung findet. Hilf mit, daß die Fragen „Was habe ich davon?" und „Was kriege ich dafür?" in Zukunft weniger laut hallen. Hilf mit, daß Idealismus künftig nicht mehr nach Dummheit riecht. Und trage dazu bei, daß nie wieder skrupellosen Politikern ermöglicht wird, in unserem Land die Macht zu ergreifen, um die Demokratie zu nehmen und uns damit politisch zu entmündigen und der Menschenrechte zu berauben.

Gudrun Pausewang

Bei Vorbildern ist es unwichtig, ob es sich dabei um einen großen toten Dichter, um Mahatma Gandhi oder um Onkel Fritz aus Braunschweig handelt, wenn es nur ein Mensch ist, der im gegebenen Augenblick ohne Wimpernzucken gesagt oder getan hat, wovor wir zögern.

Erich Kästner

Hodja ruderte einen Philosophen über einen See. Der Mann fragte ihn, ob er etwas von Philosophie verstünde. Hodja: „Nein, dafür habe ich nie Zeit gehabt." Drauf der Philosoph: „Ach, das tut mir leid für Sie. Da fehlt Ihnen ja Ihr halbes Leben." Nach einer Weile fragte Hodja den Philosophen: „Können Sie schwimmen?" Der Philosoph: „Nein, dafür hatte ich nie Zeit." Hodja: „Dann wird Ihnen bald Ihr ganzes Leben fehlen. Der Kahn hat ein Loch. Wir sinken."

Joachim-Ernst Berendt

Verantworten

Die Scheu vor der Verantwortung
ist eine Krankheit unserer Zeit.

Otto von Bismarck (1. März 1870)

Im Palast begann das Verhör. Der Hohepriester Hannas fragte
Jesus nach seinen Jüngern und nach seiner Lehre. Jesus antwortete: „Was ich gelehrt habe, ist überall bekannt. Denn ich habe
in aller Öffentlichkeit gepredigt, in den Synagogen und im
Tempel, wo es jeder hören kann. Niemals habe ich im geheimen etwas anderes gelehrt. Weshalb fragst du mich also? Frage
doch alle, die mich gehört haben! Sie wissen, was ich gesagt
habe." Da schlug ihm einer von den Wächtern, die neben ihm
standen, ins Gesicht und rief: „So redest du mit dem Hohenpriester?" „Wenn ich etwas Böses gesagt habe, dann beweise
es!" antwortete ihm Jesus. „Habe ich aber die Wahrheit gesagt,
weshalb schlägst du mich?"

Johannes 18, 19-23

Hast du eine Aufgabe übernommen, der du nicht gewachsen
bist, so wirst du dich damit nicht nur bloßstellen, sondern darüber auch das versäumen, was du hättest tun können.

Epiktet

Der Weltuntergang fand 1770 statt,
wie Swedenborg es vorausgesagt hatte.
Doch niemand bemerkte ihn.
Prophezeiungen sind leicht geworden
seither. Auf unsere blinde Vernunft – ist Verlaß.
Vater unser, vergib uns nicht,
denn wir wissen, was wir tun!

Peter Hamm

Das allgemeine Verlangen nach einer Antwort, einer allge-
meingültigen, das oft so vorwurfsvoll, oft so rührend ertönt,
vielleicht ist es doch nicht so ehrlich, wie der Verlanger selbst
meint. Jede menschliche Antwort, sobald sie über die persönliche Antwort hinausgeht und sich eine allgemeine Gültigkeit
anmaßt, wird anfechtbar sein, das wissen wir, und die Befrie-
digung, die wir im Widerlegen fremder Antworten finden,
besteht dann darin, daß wir darüber wenigstens die Frage vergessen, die uns belästigt – das würde heißen: Wir wollen gar
keine Antwort, sondern wir wollen die Frage vergessen. Um
nicht verantwortlich zu werden.

Max Frisch

Während wie an jedem abend
um neunzehn uhr vom bildschirm
gewalt und terror folter und mord
tote und trümmer und die hungernden
kinder der dritten welt in farbe
auf den tisch fallen
fragt er warum sie den mozzarella nicht
mit frischem basilikum angerichtet hat

Helga Roloff

Es ist selbstverständlich: Ich verantworte, was ich sage. Aber
nicht nur dies. Ich bin auch verantwortlich für die Wahrheit
oder den Irrtum, die der andere aufnimmt. Denn ich spreche
nicht für mich, sondern für ein Ohr.

Jörg Zink

Schützen

Glücklich, wer das, was er liebt, auch wagt,
mit Mut zu schützen.

Ovid

Dienstag, 8. Dezember 1942: Ich war bei Frick, einem der wichtigsten Minister und im Kriege der Generalbevollmächtigte für die Zivilverwaltung. „Noch ist Ihre Frau durch die Ehe mit Ihnen geschützt. Aber es sind Bestrebungen im Gange, die die Zwangsscheidung durchsetzen sollen. Und das bedeutet nach der Scheidung gleich die Deportation des jüdischen Teils. Ich kann Ihre Frau nicht schützen. Ich kann keinen Juden schützen. Solche Dinge können sich ja der Sache nach nicht im geheimen abspielen."
Gott weiß, daß ich es nicht ertragen kann, Hanni und das Kind in diese grausamste und grausigste aller Deportationen gehen zu lassen. Er weiß, daß ich ihm dies nicht geloben kann, wie Luther es vermochte: „Nehmen sie den Leib, Gut, Ehr, *Kind und Weib,* laß fahren dahin." Leib, Gut, Ehr – ja! Gott weiß aber auch, daß ich alles von ihm annehmen will an Prüfung und Gericht, wenn ich nur Hanni und das Kind notdürftig geborgen weiß.
10. Dezember 1942: Nachmittags die Verhandlung auf dem Sicherheitsdienst. Wir sterben nun – ach, auch das steht bei Gott. Wir gehen heute nacht gemeinsam in den Tod. Über uns steht in den letzten Stunden das Bild des segnenden Christus, der um uns ringt. In dessen Anblick endet unser Leben.

Jochen Klepper

Errette mich, mein Gott, von meinen Feinden
und schütze mich vor meinen Widersachern.

Psalm 59, 2

Im übrigen meine ich, daß Gott uns alle schützen möge auf unserem langen Weg zur Versöhnung mit allen Menschen und mit allen Völkern. Er möge uns bewahren und pflegen mit seiner allumfassenden Güte. Er möge uns heilen und alle Krankheit von uns nehmen. All unsere Wunden an Leib und Seele, die wir uns ständig antun, möge er mit seiner einzigartigen Kraft in Zeichen der Reife und Weisheit verwandeln.

Hanns Dieter Hüsch

Seiltänzer, bedenke, wer dir unten das Netz hält!

Stanislaw Jerzy Lec

Lieber Gott beschütze
meine Hafergrütze,
meinen Luftballon,
nimm mir nichts davon.
Nichts von meinem Bette.
Schütze die Babette,
meine kleine Schwester,
schütz die Dohlennester.
Meine Mutter auch,
Vaters dicken Bauch,
unser ganzes Haus.
Sonst ist alles aus.
Schütz die Menschen alle
vor der Mausefalle,
die vom Himmel fällt.
Schütz die ganze Welt.
Du hast sie gemacht,
Sonne, Mond und Nacht,
Tiere, Gras und Wind,
mich, ein kleines Kind.

Wolfgang Weyrauch

Überleben

Wir alle sind Passagiere an Bord des Schiffes Erde, und wir dürfen nicht zulassen, daß es zerstört wird. Eine zweite Arche Noah wird es nicht geben.

Michail Gorbatschow

Ich weiß von der zeitlichen Begrenzung der Dinge, habe sie noch nie so gefühlt wie jetzt; und darum lebe ich zum erstenmal in der Gegenwart. Ein Tag ist ein Tag und ist nicht gestern oder morgen, und das bedeutet viel.

Christine Bach

In einem südamerikanischen Wanderzirkus sah ich mal einem alten Jongleur zu. Er jonglierte mit seinen Zahnprothesen. Mit einem eleganten Griff entnahm er sie seinem Mund, führte seine Nummer vor und setzte sie danach mit einem ebenso selbstverständlich wirkenden Griff wieder hin, wo sie hingehörten. Danach schnallte er sich sein Holzbein ab und balancierte auf dessen Zehenspitze ein Tablett mit gefüllten Sektgläsern. Zum Schluß zog er sich die Perücke von der Glatze und ließ sich, die Arena umrundend, von den Zuschauern Münzen hineinwerfen. Dieser Mann hat, wie es scheint, seinem Schicksal eine lange Nase gezeigt.

Gudrun Pausewang

Klagemauer Nacht,
von dem Blitze eines Gebetes
kannst du zertrümmert werden
und alle, die Gott verschlafen haben,
wachen hinter deinen stürzenden Mauern
zu ihm auf.

Nelly Sachs

Am frühen Morgen begab sich Jesus wieder in den Tempel. Alles Volk kam zu ihm. Er setzte sich und lehrte es. Da brachten die Schriftgelehrten und die Pharisäer eine Frau, die beim Ehebruch ertappt worden war. Sie stellten sie in die Mitte und sagten zu ihm: Meister, diese Frau wurde beim Ehebruch auf frischer Tat ertappt. Mose hat uns im Gesetz vorgeschrieben, solche Frauen zu steinigen. Nun, was sagst du? Mit dieser Frage wollten sie ihn auf die Probe stellen, um einen Grund zu haben, ihn zu verklagen. Jesus aber bückte sich und schrieb mit dem Finger auf die Erde. Als sie hartnäckig weiterfragten, richtete er sich auf und sagte zu ihnen: Wer von euch ohne Sünde ist, werfe als erster einen Stein auf sie. Und er bückte sich wieder und schrieb auf die Erde. Als sie seine Antwort gehört hatten, ging einer nach dem anderen fort, zuerst die Ältesten. Jesus blieb allein zurück mit der Frau, die noch in der Mitte stand. Er richtete sich auf und sagte zu ihr: Frau, wo sind sie geblieben? Hat dich keiner verurteilt? Sie antwortete: Keiner, Herr. Da sagte Jesus zu ihr: Auch ich verurteile dich nicht. Geh und sündige von jetzt an nicht mehr!

Johannes 8, 2-11

Ein gordischer Knoten, in dem der eigene Kopf steckt, läßt sich auf die übliche Art nicht lösen.

Stanislaw Jerzy Lec

Gott, der du einstiegst in die Miseren der Welt,
der du ausstiegst aus dem Zirkel
von Verblendung, Gewalt und Zerstörung:
Erleuchte uns, bevor wir zerstrahlt sind!
Erbarme dich, damit die Erde und wir und die nach uns
nicht unwiderruflich eigener Gier und Erbarmungslosigkeit
zum Opfer fallen.
Unbeirrbarer, stecke uns an
mit deiner Leidenschaft für das Leben.

Kurt Marti

Verwandeln

Wenn ich in Gott vergeh, so komm ich wieder hin,
wo ich in Ewigkeit vor mir gewesen bin.

Angelus Silesius

Der Himmel, der ist, ist nicht der Himmel, der kommt,
wenn einst Himmel und Erde vergehen.
Der Himmel, der kommt, das ist der kommende Herr,
wenn die Herren der Erde gegangen.
Der Himmel, der kommt, das ist die Welt ohne Leid,
wo Gewalttat und Elend besiegt sind.
Der Himmel, der kommt, das ist die fröhliche Stadt
und der Gott mit dem Antlitz des Menschen.
Der Himmel, der kommt, grüßt schon die Erde, die ist,
wenn die Liebe das Leben verändert.

Kurt Marti

Krisen sind Angebote des Lebens, sich zu wandeln.
Man braucht noch gar nicht zu wissen, was neu werden soll;
man muß nur bereit und zuversichtlich sein.

Luise Rinser

Nach zweieinhalb Jahren Zusammenleben mit Inga weiß ich
immer weniger über Kindererziehung. Ich wüßte auch gar
nicht, was ich an dieser wunderbaren kleinen Person erziehen
sollte. Ich möchte sie ja kein bißchen anders haben.

Sigrid Andersen

Eine Freundin
backt mir Honigkuchen

Es duftet nach Mutter
schmeckt nach Kindheit

die blüht noch in mir

Bienen trinken Blutensaft
die tote Mutter
schaukelt mein Bett
und singt alte Kinderlieder

Eine Scheibe Honigkuchen
verwandelt die Welt

Rose Ausländer

Ich preise dich, Herr;
denn du hast mich aus der Tiefe gezogen.

Herr, mein Gott, als ich schrie zu dir,
da machtest du mich gesund.

Lobsinget dem Herrn, ihr seine Heiligen,
und preiset seinen heiligen Namen!
Denn sein Zorn währet einen Augenblick
und lebenslang seine Gnade.

Den Abend lang währet das Weinen,
aber des Morgens ist Freude.

Du hast meine Klage verwandelt in einen Reigen,
du hast mir den Sack der Trauer ausgezogen
und mich mit Freude gegürtet,
daß ich dir lobsinge und nicht stille werde.

Herr, mein Gott, ich will dir danken in Ewigkeit.

Psalm 30, 2–13 (in Auswahl)

Feier
des Lebens

Gegenwart _____

Nur wenige Menschen leben in der Gegenwart.
Die meisten warten darauf, demnächst zu leben.

Jonathan Swift

Weil der sei Gegenwart verliert, der wo bloß spart,
weil der sei Lebn verschenkt, der bloß ans Morgn denkt,
hab i entschloßn mi: auf d'Zukunft nimmer hi,
nimmer auf morgn werd gspart, i leb für d'Gegenwart.
I denk ans Heut bloß no, morgn fang i damit o.

Helmut Zöpfl

Wenn wir aufzählen, was unsere Lebensinhalte ausmacht, so
ergibt sich in der Summe viel Versäumnis und wenig Erfüllung, viel dumpfer Traum und wenig Gegenwart.

Peter Sloterdijk

Da kommt mir eben so ein Freund
mit einem großen Zwicker.
Ei, ruft er, Freundchen, wie mir scheint,
Sie werden immer dicker.
Jaja, man weiß oft selbst nicht wie,
so kommt man in die Jahre.
Pardon, mein Schatz, hier haben Sie
schon ein, zwei graue Haare!
Hinaus, verdammter Kritikus,
sonst schmeiß ich dich in Scherben.
Du Schlingel willst mir den Genuß
der Gegenwart verderben.

Wilhelm Busch

Hört her, ihr Unterdrücker und Ausbeuter! Euer ganzes Tun zielt darauf ab, die Armen im Land zu ruinieren! Ihr sagt: „Wann ist endlich das Neumondfest vorbei, wann ist endlich der Sabbat vorüber? Dann können wir unsere Speicher öffnen und Korn verkaufen, das Getreidemaß kleiner machen und das Gewicht, mit dem wir das Silber zur Bezahlung abwiegen, größer, die Waagschalen verstellen und sogar noch den Abfall mit Gewinn loswerden." Die Armen macht ihr zu euren Sklaven, auch wenn sie euch nur ein Paar Sandalen schulden.

Amos 8, 4–6

Geben wir's zu: Die Zukunft
hat keine Zukunft. Die Leute
wollen davon nichts mehr hören,
erst recht nichts von Fortschritt.
Kein Wunder, wir haben ihnen
ja so viele Ängste verkauft
in den vergangenen Jahren (und
mit Erfolg, wie ich sagen darf),
daß sie nun grundsätzlich
schwarzsehn und zittern, wenn
irgendeiner von Zukunft spricht.
Also die Gegenwart, aber die kann man,
so wie es aussieht bei uns, meine
Damen und Herrn, wohl gleichfalls
vergessen. Das gibt nichts mehr her.
Im Grunde ist alles gelaufen.
So bleibt nur der Rückblick:
wie's früher so schön war. Man
lebte zwar einfach, aber zufrieden,
ohne Probleme, fast wie im Märchen.
Aber so etwas wollen heute die
Leute: die heile Welt, Gefühle
mit Schleifchen und Omas Rezepte.
Das heißt: Nostalgie ist jetzt in.
Und da sehe ich jetzt unsere Chance.

Lothar Zenetti

Stille

Verstehen – durch Stille,
wirken – aus Stille,
gewinnen – in Stille.

Dag Hammarskjöld

Erst mit der großen Stille fängt die Seele an zu schreiben
und läßt uns sanft und sicher werden
und sorgt dafür, daß unsre Augen milde bleiben.
Nun wanderst du und setzt den Fuß aufs Ländliche,
das dich und dein Gemüt erhält.
Der Riesenwahn, das Unverständliche,
sie fliehn vor deinem Gang, und Flur und Feld
begegnen dir so schwesterlich, so alt und ungebrochen,
als hätten Tier und Pflanze das erste Wort gesprochen.
Die Stille ist's, die überlebt.
Dem Baum, der schweigt, ist tiefer zu vertrauen
als allen Redensarten,
als allen Zungen, die sich laut vermischen.
Es ist die Stille, die, zur Kunst entfacht, Geschichte macht,
solang, bis wir den Schmerz von unsren Stirnen wischen.

Hanns Dieter Hüsch

Die Paläste werden verlassen sein, und die Stadt, die voll Getümmel war, wird einsam sein, so lange, bis über uns ausgegossen wird der Geist aus der Höhe. Dann wird das Recht in der Wüste wohnen und Gerechtigkeit im fruchtbaren Lande. Und der Gerechtigkeit Frucht wird Friede sein, und der Ertrag der Gerechtigkeit wird ewige Stille und Sicherheit sein.

Jesaja 32, 14-17

Die Bäume, die Blumen, die Kräuter,
sie wachsen in der Stille.
Die Sterne, die Sonne, der Mond,
sie bewegen sich in der Stille.
Die Stille gibt uns eine neue Sicht der Dinge.

Mutter Teresa

Unmöglich, sagte ein Redakteur unlängst, als ich ihm vorschlug, Soloaufnahmen des Trompeters Leo Smith in einer meiner Sendungen vorzustellen. Wir stoppten die Bänder. Mittendrin gab es bis zu dreizehn Sekunden Stille. Sind Sie wahnsinnig, fauchte der Redakteur, dreizehn Sekunden Pause, da segelt uns doch der Sender ab. Pause oder Stille, das ist hier die Frage. Früher gab es für Pausen das Pausenzeichen. Heute wird alles dicht aneinandergefahren. Stille als Ausnahmezustand in einer mit Musik akustisch zutapezierten Umwelt. In der Stimme des Redakteurs begann sich Angst zu spiegeln: Bei dreizehn Sekunden Stille könnte sich ein Alarmgerät einschalten. Hörer X könnte die Kaffeetasse aus der Hand fallen; Hörerin Y hätte Anlaß, an der Existenz des Senders, ja letztlich an der öffentlich-rechtlichen Ordnung zu zweifeln. Stille als Bedrohung, als unerhörte Provokation. Wohin, fragte ich den Redakteur, soll etwas nachklingen, wenn es keine Stille mehr gibt? Welche Verarmung droht uns, wenn jeder etwas besprechen, aber keiner mehr etwas beschweigen kann?

Bert Noglik

Wenn ich jetzt sterben müßte, würde ich sagen: „Das war alles?" Und: „Ich habe es nicht so richtig verstanden." Und: „Es war ein bißchen laut."

Kurt Tucholsky

Abschied

Sei allem Abschied voran, als wäre er hinter dir.

Rainer Maria Rilke

Aus tiefer Erschöpfung kurz erwachend, schaut der Todkranke auf und lächelt. Ihm bleiben nur wenige Tage noch. Langsam hebt er den Arm mir entgegen, so daß ich meinen Stuhl näher ans Spitalbett rücke. Erst denke ich, er suche meinen Hände-druck. Doch streckte er den Arm noch weiter aus, so weit, daß seine Hand meine linke Wange erreichen und sie streicheln kann. „Sie sind ein Lieber, danke", sagte er leise. Danach sinkt er von neuem in seine Sterbensmüdigkeit zurück, die Augen fallen zu. Nachher, von Verwirrung hin- und hergerissen, bleibe ich unschlüssig und bin's bis heute geblieben, ob ich's beklagen oder mit Dankbarkeit einfach hinnehmen soll, daß erst, aber wenigstens doch, das Sterben einen solchen Durch-bruch möglich macht.

Kurt Marti

am ende loben können
der tag ist grau
die zeitung
voll dunkler nachrichten

am ende loben können
der abschied steht
in den augen
die hände sind feucht

am ende loben können
noch einmal der
blick zurück
keineswegs alles heil

am ende loben können
weil es dich in allem gibt
gott

Wilhelm Bruners

Jetzt bist du fort. Dein Zug ging neun Uhr sieben.
Ich hielt dich nicht zurück. Nun tut's mir leid.
Von dir ist weiter nichts zurückgeblieben
als ein paar Fotos und die Einsamkeit.
Ich kenn das schon. Und weiß, es wird mir fehlen,
daß du um sechs nicht vor dem Bahnhof bist.
Wem soll ich, was am Tag geschehen ist,
und von dem Ärger im Büro erzählen?
Jetzt sitz ich ohne dich in meinem Zimmer
und trink den dünnen Kaffee ganz allein.
Ich weiß, das wird jetzt manches Mal so sein.
Sehr oft vielleicht ... Beziehungsweise: immer.

Mascha Kaléko

Aber eines Tages war meine Zeit um, und ich nahm Abschied.
Es war spät im Herbst. Aus den Büschen fielen faule Beeren, und
die Schafe kamen die Hügel herunter, frierend und hungrig, denn
über Nacht hatte der Wind das Gras aus den Bergwiesen gespült
und an die felsigen Ufer geworfen. Auf silbernen Geleisen – zwei
letzten Sonnenstrahlen – trug mich der Zug fort ...

Ingeborg Bachmann

Kehrt um und macht Schluß mit allem Unrecht! Sonst ver-
strickt ihr euch immer tiefer in Schuld. Trennt euch von allen
Verfehlungen! Schafft euch ein neues Herz und eine neue
Gesinnung!

Hesekiel 18, 30.31

Zweifel _____

Von den sicheren Dingen das Sicherste ist der Zweifel.

Bertolt Brecht

Zum Rabbi kam ein Chassid, den schwerer Kummer plagte. „Rebbe", fragte er, „was soll ich tun, wenn mich schlimme Gedanken überkommen?" „Was für Gedanken?" erkundigte sich der Rabbi. „Ich schäme mich, Euch davon zu erzählen." „Erzähl trotzdem." „Manchmal frage ich mich, ob es vielleicht überhaupt keinen Gott gibt." „Und wenn dem so wäre?" „Wenn es keinen Gott gibt, Rebbe, dann ist unser Leben doch sinnlos und unser Dasein ohne Bedeutung." „Wenn das der Schluß ist, zu dem du kommst", sagte der Rabbi nur, „dann fahre ruhig fort nachzudenken."

Die Schlange war listiger als alle anderen Tiere, die Gott, der Herr, gemacht hatte. „Hat Gott wirklich gesagt, daß ihr von keinem Baum die Früchte essen dürft?" fragte sie die Frau. „Natürlich dürfen wir", antwortete die Frau, „nur von dem Baum in der Mitte des Gartens nicht. Gott hat gesagt: ‚Eßt nicht von seinen Früchten, ja – berührt sie nicht einmal, sonst müßt ihr sterben!'" „Unsinn! Ihr werdet nicht sterben!" widersprach die Schlange, „aber Gott weiß: Wenn ihr davon eßt, werden eure Augen geöffnet – ihr werdet sein wie Gott und wissen, was gut und böse ist."

1. Mose 3, 1–5

Fürs Leben ist „Hosianna" allein zu wenig. Dieses „Hosianna" muß vorher unbedingt durch den Schmelzofen der Zweifel gegangen sein.

Fjodor M. Dostojewskij

112

Ein Mensch, vertrauend auf sein klares
Gedächtnis, sagt getrost: „So war es!"
Er ist ja selbst dabei gewesen –
doch bald schon muß er's anders lesen.
Es wandeln sich, ihm unter Händen,
Wahrheiten langsam zu Legenden.
Des eignen Glaubens nicht mehr froh,
fragt er sich zweifelnd: „War es so?"
Bis schließlich überzeugt er spricht:
„Ich war dabei – so war es nicht!"

Eugen Roth

Weil das alles nicht hilft,
sie tun ja doch, was sie wollen.
Weil ich mir nicht nochmals
die Finger verbrennen will.
Weil man nur lachen wird:
Auf dich haben sie gewartet.
Und warum immer ich?
Keiner wird es mir danken.
Weil da niemand mehr durchsieht,
sondern höchstens noch mehr kaputtgeht.
Weil jedes Schlechte
vielleicht auch sein Gutes hat.
Weil es Sache des Standpunktes ist,
und überhaupt, wem soll man glauben?
Weil auch bei den andern nur
mit Wasser gekocht wird.
Weil ich das lieber
Berufeneren überlasse.
Weil man nie weiß,
wie einem das schaden kann.
Weil sich die Mühe nicht lohnt,
weil sie alle das gar nicht wert sind.

Erich Fried

Engel

Der Engel, nach dem ihr ausschaut, er ist schon unterwegs.

Maleachi 3, 1

Von einem Wunderrabbi ging die Sage, daß er jeden Morgen vor dem Frühgebet zum Himmel emporsteige. Ein Mann lachte darüber und legte sich auf die Lauer, um selber festzustellen, was der Rabbi vor Morgengrauen trieb. Da sah er: Der Rabbi verließ, als Holzknecht verkleidet, sein Haus und ging zum Wald. Der Mann folgte ihm von weitem. Er sah den Rabbi ein Bäumchen umhauen und in Stücke hacken. Dann lud er sich das Holz auf den Rücken und schleppte es zu einer armen, kranken, einsamen Frau. Der Mann blickte durch das Fenster. Drin kniete der Rabbi am Boden und heizte ein ... Als die Leute nachher den Mann fragten, was es mit des Rabbis täglicher Himmelfahrt auf sich habe, sagte er still: „Es stimmt. Er steigt noch höher als zum Himmel."

Der Engel in dir
freut sich über dein
Licht
weint über deine Finsternis
Aus seinen Flügeln rauschen
Liebesworte
Gedichte Liebkosungen
Er bewacht
deinen Weg
Lenk deinen Schritt
engelwärts

Rose Ausländer

Fürbitten heißt: jemandem einen Engel senden.

Martin Luther

Manchmal, in seltenen Stunden,
spürst du auf einmal
nahe dem Herzen, am
Schulterblatt schmerzlich
die Stelle, an der uns,
wie man erzählt, vor
Zeiten ein Flügel bestimmt
war, den wir verloren.
Manchmal regt sich dann
etwas in dir, ein Verlangen,
wie soll ich's erklären,
ein unwiderstehliches Streben,
leichter und freier zu leben
und dich zu erheben und
hoch über allem zu schweben.
Manchmal, nur einen Augenblick lang –
dann ist es vorbei –
erkennst du dein wahres
Gesicht, du ahnst, wer du
sein könntest und solltest.
Dann ist es vorbei.
Und du bist, wie du bist.
Du tust, was zu tun ist.
Und du vergißt.

Lothar Zenetti

Wie oft begleitete mich jemand durch diese sichtbare Welt,
und ich dachte bei mir: Wie schwerfällig und dumm mein
Begleiter doch ist! Aber kaum hatten wir die Welt der Geheim-
nisse erreicht, da mußte ich feststellen, daß ich ein ungerech-
tes Urteil gefällt hatte und mein Begleiter im Gegenteil sehr
geistreich und weise war.

Khalil Gibran

Treue

Vertrauen ist Mut, und Treue ist Kraft.

Nach vielen mühseligen Gesprächen kamen wir immer wieder zu demselben Schluß: Unsere Ehe bleibt! Das Versprechen, das wir bei der Hochzeit gaben, soll gelten, bis der Tod uns scheidet. Wir meinten, eine Trennung wäre eine Flucht. Auch mit einem anderen Partner hätten wir bald diese oder ähnliche Schwierigkeiten. Uns erschien es besser und verheißungsvoller, gemeinsam neu anzufangen.

Willibert Gorzewski

Es ist das Wichtigste, was wir im Leben lernen können: das eigene Wesen zu finden und ihm treu zu bleiben. Allein darauf kommt es an, und nur auf diese Weise dienen wir Gott ganz: daß wir begreifen, wer wir selber sind, und den Mut gewinnen, uns selber zu leben.

Eugen Drewermann

Es lohnt sich, Mensch zu sein. Gott wollte einer sein. Wir sind keine anonyme Herde, die richtungslos ihrem Untergang entgegengeht. Gott wohnt der menschlichen Tragödie nicht gefühllos bei. Er geht in sie ein, nimmt an ihr teil und offenbart uns: Es lohnt sich, das Leben, so wie wir es kennen, zu leben: monoton, anonym, arbeitsreich, jedoch treu im Bestreben, täglich etwas besser zu werden, anspruchsvoll in der Geduld mit uns selbst und mit den anderen, stark im Ertragen der Widersprüche und weise, um aus ihnen zu lernen.

Leonardo Boff

So spricht der Herr, der Herrscher der Welt: „Ja, ich befreie die Menschen meines Volkes aus dem Land im Osten und aus dem Land im Westen, ich bringe sie heim und lasse sie in Jerusalem wohnen. Sie sollen mein Volk sein, und ich will ihr Gott sein in unwandelbarer Treue."

Sacharja 8, 7.8

Ein getreues Herze wissen
hat des höchsten Schatzes Preis.
Der ist selig zu begrüßen,
der ein treues Herze weiß.
Mir ist wohl bei höchstem Schmerze,
denn ich weiß ein treues Herze.
Gunst, die kehrt sich nach dem Glücke,
Geld und Reichtum, das zerstäubt,
Schönheit läßt uns bald zurücke,
ein getreues Herze bleibt.
Mir ist wohl bei höchstem Schmerze,
denn ich weiß ein treues Herze.

Paul Fleming

Der Chef sagt zum neuen Reisenden: „Sie nehmen den Frühzug, bringen sich dann in Neutomischl im Hotel ein wenig in Ordnung, lassen sich eine Tasse heiße Bouillon servieren; dann gehen Sie zum alten Auerbach, fragen ihn, wie er mit dem letzten Posten Seidenstrümpfe zufrieden war, legen ihm die Muster vor, machen ihn aufmerksam, daß wir ein ganz neues Farbsortiment und dennoch sehr günstige Preise haben, nehmen die Bestellung auf, und am Nachmittag telegrafieren Sie mir den Erfolg."
Der junge Mann ist abgereist, aber am Nachmittag kommt kein Telegramm. Es wird Abend, es wird Nacht – der Chef ist außer sich. Da endlich der Telegrammbote. Hastig reißt der Chef den Umschlag auf: „In ganz Neutomischl keine Bouillon aufzutreiben. Was tun?"

Traum

Nicht träumen sollt ihr euer Leben,
erleben sollt ihr, was ihr träumt.

Ich träume davon,
daß jemand mich gebrauchen könnte,
meine warme Haut, meine Zuneigung,
meine zudringliche Zärtlichkeit.
Ich träume davon,
daß jemand mich annähme,
einfach so wie ich bin,
mit ungereimten Wünschen,
unfertigem Charakter und alten Ängsten.
Ich träume davon,
daß jemand mich gelten läßt,
ohne mich zu erziehen,
mit mir übereinstimmt,
ohne sich anzustrengen.
Ich träume davon,
daß ich mich nicht verteidigen muß,
nicht erklären und kämpfen muß,
daß einer mich liebt.

Otti Pfeifer

Das Leben ist wie ein sonderbarer Traum. Wer einen starken
Willen hat und entschlossen ist, den Menschen zu dienen, dem
wird das Leben zu einem schönen Traum. Auch wenn der Weg
zum Ziel verschlungen ist und die Gedanken ruhelos sind.

Janusz Korczak

Das Neue ist niemals ganz neu. Es geht ihm immer ein Traum
voraus.

Ernst Bloch

118

Einst hatte Josef einen Traum. Er sagte zu seinen Brüdern: Hört, was ich geträumt habe. Wir banden Garben mitten auf dem Feld. Meine Garbe richtete sich auf und blieb stehen. Eure Garben umringten sie und neigten sich tief vor meiner Garbe. Da sagten seine Brüder zu ihm: Willst du etwa König über uns werden oder dich als Herr über uns aufspielen? Und sie haßten ihn noch mehr wegen seiner Träume und seiner Worte.

1. Mose 37, 5–8

Es ist immer derselbe Traum:
ein rotblühender Kastanienbaum,
ein Garten, voll von Sommerflor,
einsam ein altes Haus davor.
Dort, wo der stille Garten liegt,
hat meine Mutter mich gewiegt.
Vielleicht – es ist so lange her –
steht Garten, Haus und Baum nicht mehr.
Vielleicht geht jetzt ein Wiesenweg
und Pflug und Egge drüber weg.
Von Heimat, Garten, Haus und Baum
ist nichts geblieben als mein Traum.

Hermann Hesse

Du kannst von mir sagen, ich sei ein Träumer,
aber ich bin nicht der einzige.

John Lennon

Träume sind nicht unser Eigentum. Sie kommen und gehen. Kurz nach dem Erwachen erinnern wir uns ihrer manchmal noch; ein paar Minuten später haben sie sich schon verabschiedet. Auch ein Traum, an den wir uns den ganzen Tag erinnern, weil wir ihn auswendig kennen, entzieht sich uns am Ende doch.

Harry Mulisch

Wunder

Es gibt kein Wunder für den, der sich nicht wundern kann.

Marie von Ebner-Eschenbach

Noch immer
sehe ich die Knospen schwellen,
noch immer
taumeln junge Falter in den Wind,
und aus der Erde
brechen immer neue Quellen,
und immer wieder
schreit ein neugebornes Kind.
Die Sonne hört nicht auf
zu sinken und zu steigen,
der Frühling birst in Fülle,
so wie jedes Jahr.
Ich singe, juble, schrei –
wie könnte ich auch schweigen?
Noch leb ich ja.
Und das ist wunderbar.

Gudrun Pausewang

Ich lebe. Jedes Erwachen nach einer Nacht voll Schmerzen und Dumpfheit ist wie ein Wunder. Und ich fühle meine Kräfte wachsen. Noch erlaube ich mir keinen Übermut, man muß wachsam sein, und meine Skepsis setzt mir ganz schön zu.

Maxie Wander

Es gibt radikale Veränderungen, die ein ganzes Leben verwandeln können. Man muß sie nur für möglich halten. Man muß sie ausprobieren. Man muß loslassen können. Sie geschehen dann eher beiläufig, so wie Jesu Wunder. Man muß sie nur wahrnehmen. Es bewegt sich viel mehr, als wir zugeben wollen – wenn wir uns selbst bewegen lassen.

Heinrich Albertz

Der Lehrer will den Begriff des Wunders klarmachen: „Stell dir vor, Moritz, einer fällt von der Spitze eines Turms und bleibt heil. Was ist das?" „Zufall." „Du verstehst mich nicht", sagt der Lehrer enttäuscht. „Also, stell dir vor, der Mann klettert nochmals hinauf, fällt wieder herunter und ist wieder heil! Was ist das dann?" „Glück!" Der Lehrer läßt nicht locker: „Stell dir vor, er klettert ein drittes Mal hinauf, fällt herunter und ist wieder heil. Na, was ist das jetzt?" „Gewohnheit!"

daß wir dafür aufstehn
daß wir dafür einen fuß vor den andern setzen
daß wir uns überhaupt dazu stellen
daß wir das noch ansehn wollen
daß wir dem noch ein ohr leihen
daß wir das noch riechen können
daß wir das immer noch bedenken
daß wir das immer noch anpacken
daß wir das immer noch fressen
wunder über wunder

Johannes Poethen

Wir haben die Erde gekränkt, sie nimmt
ihre Wunder zurück.
Wir, der Wunder
eines.

Reiner Kunze

Und der Herr sprach: Siehe, ich will einen Bund schließen: Vor deinem ganzen Volk will ich Wunder tun, wie sie nicht geschehen sind in allen Ländern und unter allen Völkern, und das ganze Volk, in dessen Mitte du bist, soll des Herrn Werk sehen; denn wunderbar wird sein, was ich an dir tun werde.

2. Mose 34, 10

Gefühl _____

Wer fühlt, was er sieht, tut, was er kann.

Was ist, was sein wird, womöglich sein wird,
und daß wir solche Dinge wahrnehmen und beklagen,
Grausamkeiten noch wahrnehmen und beklagen,
Ungerechtigkeiten noch wahrnehmen und beklagen,
während es doch denkbar wäre, eine Zeit denkbar wäre,
in der wir umherkriechen empfindungslos,
in der uns nichts mehr angeht, unter die Haut geht,
neben uns schreit ein Sterbender
und wir wenden den Kopf nicht,
neben uns wird ein Kind
gegen eine Mauer geschleudert,
und wir erschrecken nicht.
Demgegenüber scheint auf jeder
noch so bescheidenen Anteilnahme,
jedem noch so billigen Erbarmen
der Schimmer eines goldenen Zeitalters zu liegen.
Wir können noch sehen, wir können noch hören,
wir können noch leiden, noch lieben.

Marie Luise Kaschnitz

Wenn nicht mehr Zahlen und Figuren
sind Schlüssel aller Kreaturen,
wenn die, so singen oder küssen,
mehr als die Tiefgelehrten wissen,
wenn sich die Welt ins freie Leben
und in die Welt wird zurückbegeben,
wenn dann sich wieder Licht und Schatten
zu echter Klarheit werden gatten
und man in Märchen und Gedichten
erkennt die wahren Weltgeschichten,
dann fliegt vor einem geheimen Wort
das ganze verkehrte Wesen fort.

Novalis

122

Geängstigt werden und Angst haben sind ein Teil unseres Lebens. Es gibt zwar Leute, die behaupten, man müßte sich nur ausreichend anstrengen, dann würde die Angst schon verschwinden. Aber sie irren. Es gibt auch solche, die meinen, wer fest genug glaubt, sei grundsätzlich ohne Furcht. Doch auch sie haben unrecht. Vor seiner Gefangennahme wurde Jesus selbst von der Angst ergriffen. So hat er es denn auch gesagt: „In der Welt habt ihr Angst." Für mich ist dieser Satz wichtig. Er unterstreicht nämlich, daß es keine Schande ist, Angst zu haben, sondern etwas ganz Natürliches. Davon hängt aber viel ab, daß wir unsere Ängste nicht verschweigen müssen, sondern aussprechen können.

Karl-Heinz Ronecker

Maria lief zu Jesus. Sie fiel vor ihm nieder und rief: „Herr, wenn du dagewesen wärst, würde mein Bruder noch leben!" Jesus sah, wie sie und die Trauergäste weinten. Da wurde er zornig, war aber zugleich tief bewegt. „Wo habt ihr ihn hingelegt?" fragte er. Sie antworteten: „Komm, Herr, wir zeigen es dir." Alle sahen, daß Jesus weinte. „Seht", sagten die Juden, „er muß ihn sehr lieb gehabt haben."

Johannes 11, 32–36

Evelein war ein sehr braves Kind mit gesticktem Schürzchen, einer großen Haarschleife und einem Monopoly-Spiel auf französisch. Wenn Evelein unter schlechten Einfluß geriet und sich schmutzig machte oder ein böses Wort sagte, wurde ihre liebe Mutti nicht böse, sondern ganz, ganz traurig. Selbst die Hartgesottensten unter uns, die für ähnliche Delikte mit Ohrfeigen rechnen mußten, fanden das ziemlich schwer zu ertragen. Da war man froh, es mit Eltern zu tun zu haben, die kein bißchen in Tränen versanken, sondern ganz munter, wenn auch nicht immer angenehm, reagierten. Die ganz, ganz traurige Mutti war entschieden ein Alptraum.

Heilwig von der Mehden

Kraft

Von nichts kommt nichts.

Gott verlangt nichts vom Menschen,
ohne ihm zugleich die Kraft dafür zu geben.

Edith Stein

Der unbegreifliche Gott
erfülle dein Leben mit seiner Kraft,
daß du entbehren kannst, ohne hart zu werden,
daß du leiden kannst, ohne zu zerbrechen,
daß du Niederlagen hinnehmen kannst,
ohne dich aufzugeben,
daß du schuldig werden kannst, ohne dich zu verachten,
daß du mit Unbeantwortbarem leben kannst,
ohne die Hoffnung preiszugeben.

Sabine Naegeli

Zerstreut, ausgezehrt, weglos im Ungewissen
ausharren, auf Kraft warten, die Kraft, still zu werden,
zu lauschen, zu empfangen, zu wachsen,
hinaus über diesen Tag, über die Enge,
in die ich mich einschloß, den Unfrieden in mir
und außer mir, über meine Zerrissenheit.
Eintauchen in das unbegreifliche, alles verbindende,
alles lösende, erlösende Wehen deines Geistes.

Ein Elefant tritt einer Maus versehentlich auf die Pfote. Als
er sich wortreich entschuldigt, winkt die Maus ab: „Aber das
hätte mir doch genauso passieren können!"

Ich schäme mich des Evangeliums nicht: Es ist eine Kraft
Gottes, die jeden rettet, der glaubt.

Römer 1, 16

Ich liebe jene ersten bangen Zärtlichkeiten,
die halb noch Frage sind und halb schon Anvertraun,
weil hinter ihnen schon die wilden Stunden schreiten,
die sich wie Pfeiler wuchtend in das Leben baun.

Ein Duft sind sie; des Blutes flüchtigste Berührung,
ein rascher Blick, ein Lächeln, eine leise Hand –
sie knistern schon wie rote Funken der Verführung
und stürzen Feuergarben in der Nächte Brand.

Und sind doch seltsam süß, weil sie im Spiel gegeben
noch sanft und absichtslos und leise nur verwirrt,
wie Bäume, die dem Frühlingswind entgegenbeben,
der sie in seiner harten Faust zerbrechen wird.

Stefan Zweig

Alexander war nun allein. Er verbrachte mehr Zeit an seinem
Stehpult, aber er arbeitete nicht. Drunten sah er die Züge halten und fahren, grübelte über Versager im allgemeinen und sich
selbst im besonderen und konnte bald den Fahrplan auswendig. Als der Gedanke an Selbstmord zu oft auftauchte, fuhr er
nach Ostberlin und wanderte um den Müggelsee. Das war der
richtige Entschluß, denn der Selbstmord unterblieb.
Ferner half ihm, daß er in Neukölln beim Ringen zusah. Und
was Selim, der gefeierte Sieger, hinterher zu ihm sagte: Immer
wenn du Kraft anwendest, kann es passieren, daß der Gegner
sie für sich ausnützt. Er legt dich mit dem Schwung auf die
Schultern, der von dir kommt. Sei wachsam für alles, was der
Gegner tut.

Sten Nadolny

Enthaltsamkeit _____

Je weniger Bedürfnisse ihr habt, desto freier seid ihr.

Immanuel Kant

In der Zeit fing Johannes der Täufer an, in der judäischen Wüste zu predigen. Sein Hauptthema war: „Ändert euch von Grund auf! Kehrt um zu Gott! Denn jetzt beginnt die Herrschaft Gottes." Johannes trug einen aus Kamelhaar gewebten Umhang, der von einem Lederriemen zusammengehalten wurde. Er ernährte sich von Heuschrecken und Honig, den er draußen fand.

Matthäus 3, 1–4 (in Auswahl)

Wer wenig bedarf, der kommt nicht in die Lage,
auf vieles verzichten zu müssen.

Plutarch

Nur für heute werde ich mich bemühen, den Tag zu erleben, ohne das Problem meines Lebens auf einmal lösen zu wollen. Nur für heute werde ich etwas tun, wozu ich eigentlich keine Lust habe. Nur für heute werde ich mich vor zwei Übeln hüten: vor der Hetze und der Unentschlossenheit. Nur für heute werde ich glauben – selbst, wenn die Umstände das Gegenteil zeigen sollten –, daß Gott für mich da ist.
Ich will mich nicht durch den Gedanken entmutigen lassen, ich müßte dies alles mein ganzes Leben lang durchhalten.

Johannes XXIII.

Mirjam kommt von der Kinder-Disco nach Hause. „Na, hast du schön getanzt?" fragt Mama. „Ja", sagt Mirjam, „eigentlich wollte ich weinen, weil mein Knie wehtat. Aber dann hab ich gedacht: Weinen kann ich immer, tanzen nicht. Also hab ich getanzt."

Gott ja, was gibt es doch für Narren!
Ein Bauer schneidet sich'n Knarren
vom trocknen Brot und kaut und kaut.
Dabei hat er hinaufgeschaut
nach einer Wurst, die still und heiter
im Rauche schwebt, dicht bei der Leiter.
Er denkt mit heimlichem Vergnügen:
Wenn ick man woll, ick könn di kriegen!

Wilhelm Busch

Lebenskunst ist nicht zuletzt die Fähigkeit, auf etwas Notwendiges zu verzichten, um sich Überflüssiges zu leisten.

Vittorio de Sica

Euer kurzer Besuch war ebenso überraschend wie schön. Hier nun mein Dank für die Geschenke. Du sollst aufhören damit. Niemand kann das durchhalten, sich dauernd Geschenke zu machen, und dann kommt die Enttäuschung. Es genügt doch, mit Freunden zu essen, zu trinken, sich anzusehen und zu verschweigen, was man eigentlich hat sagen wollen.

Maxie Wander

Das meiste von dem, was wir sagen und tun, ist nicht notwendig, und wenn man es wegläßt, wird man mit schönerer Mußezeit und geringerer Unruhe leben. Man muß sich bei jeder Gelegenheit daran erinnern: Ist vielleicht dies etwas Unnötiges?

Marc Aurel

„Ich finde, deine Frau macht zu viele Besuche, lieber Hodscha!" meinte einer seiner Freunde. „Das glaube ich nicht. Wenn das stimmte, wäre sie doch auch mal bei mir aufgetaucht."

Glück ─────────────────

Ich habe wirklich vor, ständig an der Ermöglichung von
irgendetwas Gutem, Richtigem, Schönem zu arbeiten,
an diesen winzigen Anstiftungen zum Glück.

Gabriele Wohmann

Rabbi Chajjim von Zans pflegte zu sagen, daß die meisten
Menschen hin- und herreisen, immer im Kreis herum, auf der
Suche nach Glück und der Jagd nach Reichtum, und enttäuscht
sind, wenn sie weder das eine noch das andere finden. „Vielleicht
wäre es besser, wenn sie einmal anhielten und dem Glück
erlaubten, sie dort zu finden, wo sie sind."

Wieder ein Morgen
ohne Gespenster
im Tau funkelt der Regenbogen
als Zeichen der Versöhnung
Du darfst dich freuen
über den vollkommenen Bau der Rose
darfst dich im grünen Labyrinth
verlieren und wiederfinden
in klarer Gestalt
Du darfst ein Mensch sein
arglos
Der Morgentraum erzählt dir
Märchen du darfst
die Dinge neu ordnen
Farben verteilen
und wieder
schön sagen
an diesem Morgen
du Schöpfer und Geschöpf

Rose Ausländer

Ich danke meinem Gott, daß er mir das Glück gegönnt hat, ihn als Schlüssel zu unserer wahren Glückseligkeit kennenzulernen. Ich lege mich nie zu Bette, ohne zu bedenken, daß ich vielleicht den anderen Tag nicht mehr sein werde, und es wird doch kein Mensch sagen können, daß ich im Umgang mürrisch und traurig wäre. Für diese Glückseligkeit danke ich alle Tage meinem Schöpfer.

Wolfgang Amadeus Mozart

Was der Herr gibt, hat für die Gerechten Bestand,
und sein Wohlgefallen verleiht dauerndes Glück.
Der Segen Gottes ist das Teil des Gerechten:
In der Zeit seines Endes wird er ihm aufblühen.

Jesus Sirach 11, 17.22

Nicht Glückes bar sind deine Lenze,
du forderst nur des Glücks zu viel;
gib deinem Wunsche Maß und Grenze,
und dir entgegen kommt das Ziel.

Das Glück – kein Reiter wird's erjagen,
es ist nicht dort, es ist nicht hier;
lern überwinden, lern entsagen,
und ungeahnt erblüht es dir.

Theodor Fontane

Wer das Glück nicht genießt, solange er es hat,
sollte sich nicht beklagen, wenn es vorbei ist.

Cervantes

Haus

In der Welt ein Haus, im Haus eine Welt
und Welt und Haus in gnädiger Hand.

Manfred Hausmann

Jesus sagt: Wißt ihr, mit wem ich einen Menschen vergleiche,
der meine Worte hört und danach handelt? Er ist wie ein
Mann, der sich ein Haus bauen wollte. Zuerst hob er eine Bau-
grube aus, dann baute er die Fundamente seines Hauses auf
festen, felsigen Grund. Als ein Unwetter kam und die Fluten
gegen das Haus brandeten, konnte es keinen Schaden anrich-
ten, denn das Haus war auf sicherem Grund gebaut. Wer sich
meine Worte allerdings nur anhört und nicht danach lebt, der
ist wie einer, der beim Bauen auf das Fundament verzichtet
und sein Haus auf weichen Boden baut. Bei einem Unwetter
unterspülen die Fluten sein Haus, und es stürzt ein. Übrig
bleibt nur ein Trümmerhaufen.

Lukas 6, 47–49

Ein Mensch erblickt ein neiderregend
vornehmes Haus in schönster Gegend.
Der Wunsch ergreift ihn mit Gewalt:
Genau so eines möcht er halt!
Nur dies und das, was ihn noch störte,
würd anders, wenn es ihm gehörte;
nur wär er noch viel mehr entzückt,
stünd es ein wenig vorgerückt ...
Kurz, es besitzend schon im Geiste,
verändert traumhaft er das meiste.
Zum Schluß möcht er (gesagt ganz roh):
ein andres Haus – und anderswo.

Eugen Roth

Hab ein Haus im grünen Grund,
wohn darin zu Gast.
Wohn mit Weib und Kindern bunt
in dem stillen Haus am Grund
kurze Weil zur Rast.
Schaut einst, wo des Bleibens wär
unterm Sternenzelt.
Bleibens, raunt mir's, gibt's nicht mehr,
seit der Obdachlosen Heer
flüchtet durch die Welt.
Denk ich: Bau nicht in der Welt
für die Ewigkeit.
Über Nacht schon kann vergehn,
was du tags noch angesehn
von dem Schatz der Zeit.
Dennoch lieb ich dieses Haus,
wüßt nichts Liebres mir;
ist mir's doch in Glück und Graus
Gleichnis für das Vaterhaus
in der Fremde hier.

Otto Riedel

Wir haben ein großes Haus geerbt, ein großes „Haus der
Welt", in dem wir zusammen leben müssen – Schwarze und
Weiße, Morgenländer und Abendländer, Juden und Nicht-
Juden, Katholiken und Protestanten, Moslems und Hindus –,
eine Familie, die in Ideen, Kultur und Interessen zu Unrecht
getrennt ist; die, weil wir niemals wieder getrennt leben können, lernen muß, in Frieden miteinander auszukommen.

Martin Luther King

Weite

Du stellst meine Füße auf weiten Raum.

Psalm 31,9

Wenn a Regntropfn in See einefallt
und eigeht und aufgeht im See,
wenn a Ton, den ma gredt hat, ganz lautlos verhallt,
wenn a Schneeflockn eins wird mitm Schnee …
Dann möcht i oft der Tropfn, der Ton, de Flockn sei,
mi einfach als mi selber verliern,
nimmer über mi nachstudiern,
ganz ruhig bloß zerlaufen und zergehn.

Helmut Zöpfl

Alle Schönheit deiner Erde, Gott, ist voll Verzauberung,
und all deine Geschöpfe sind verführerisch.
Wenn uns die Welt schon so entzückt,
wie sollten wir nicht brennen,
wenn wir dich von Angesicht zu Angesicht schauen?
Ich würde zu Fuß bis ans Ende der Welt laufen,
wenn ich dich dort fände.
Aber du bist nicht am Ende der Welt, sondern in mir.

Ernesto Cardenal

Träume den Traum nur zu Ende.
Rufe nicht laut durch die Nacht.
Ein Engel breitet die Hände,
löst dir den Schleier ganz sacht.
Nimmt von den Füßen die Bande,
schmilzt dir vom Herzen das Eis,
trägt dich auf Flügeln in Lande,
von denen die Erde nichts weiß.

Irmtraud Tzscheuschner

Kein Zweifel: Die Welt
wird jeden Tag kleiner für uns.
Die Entfernungen schrumpfen.
Wir fliegen dahin.
Hoch über den Wolken
serviert man das Frühstück,
dann bist du in Hamburg oder
Berlin. Paris nur ein Sprung,
auch Rom ist nicht weit. Nach
New York übern Teich, das
schaffst du in wenigen Stunden.
Die Menschen dagegen
entfernen sich mehr und
mehr voneinander. Höchstens:
Wie geht's? – Na und dir? –
Mach's gut und bis bald, wir
telefonieren! – Das war's,
das war auch schon alles.
Menschen von heute. Die
meisten hast du ja längst
aus den Augen verloren.
Manchmal trifft man sich
irgendwo wieder, vielleicht in
Madrid, und fragt dann erstaunt:
Ach, gibt es dich noch?

Lothar Zenetti

Eines Tages, als der Hodscha und seine Frau der Ruhe pfleg-
ten, sagte sie zu ihm: „Rück ein Stück ab, Alterchen!" Der Hodscha stand sofort von seinem Lager auf, zog seine Schuhe an
und verließ das Haus. Nachdem er zwei Tage lang ununter-
brochen gegangen war, begegnete er einem Mann, den er bat,
sich zu seiner Frau zu begeben und sie zu fragen, ob der Ab-
stand schon genüge oder ob er noch weiter wegrücken solle.

Zukunft

Wer heute nur für sich selbst sorgen will,
verspielt mit der Zukunft anderer auch seine eigene.

Gustav Heinemann

Wir haben ein Gedächtnis, wenn es uns paßt. Oft paßt es uns nicht, dann haben wir ein Gedächtnis wie ein Sieb, vergessen und verdrängen alles Vergangene, aus dem wir lernen könnten. Dennoch wird manchmal die Stimme unseres Gedächtnisses zur Stimme unseres Gewissens, die uns warnt. Wir haben dann wohl eine Erinnerung, aber kaum einen vorausschauenden Weitblick. Eigentlich wissen wir nichts über die Zukunft, darum hoffen wir auf sie. Zukunft ist die dritte Dimension unserer Existenz. Ohne Zukunft ist der heutige Tag eine platte Ebene, eine Kreidezeichnung auf einer blinden Wand, die sich ohne weiteres mit dem Ärmel wegwischen läßt. Wer keine Spur von Zukunft vor sich sieht, der ertrinkt in seinem Hier-und-Jetzt.

Huub Oosterhuis

Mein Leben geht zu Ende, ich weiß und fühle es. Doch mit jedem sich neigenden Tag spüre ich auch, wie mein irdisches Leben übergeht in ein neues, unendliches, unbekanntes, zukünftiges Leben, dessen Vorgefühl meine Seele vor Entzücken erzittern läßt, meinen Geist erleuchtet, mein Herz vor Freude weinen macht.

Fjodor M. Dostojewskij

Winter ist – aber die Knospen wissen es besser.

Ich nehm's nicht hin, ohne Zukunft zu sein!
Dagegen will ich mich wehren.
Ich werde die Hoffnung in dieser Welt,
so heftig ich kann, vermehren.

Gudrun Pausewang

Groß ist der Herr! Jeder soll ihn rühmen!
Seine Größe kann niemand erfassen.
Eine Generation soll der anderen
von deinen großen Taten erzählen
und schildern, wie machtvoll du eingegriffen hast.

Deine Hoheit und Macht wird in aller Munde sein,
und auch ich will stets über deine Wunder nachdenken.
Immer wieder wird man davon sprechen,
wie dein Handeln den Menschen Ehrfurcht eingeflößt hat.

Auch ich will ihnen sagen, wie groß du bist.
Wenn sie dann zurückdenken,
werden sie deine unermeßliche Güte rühmen.
Weil du deine Versprechen gehalten hast,
werden sie dich laut loben:

„Der Herr ist gnädig und barmherzig;
seine Geduld hat kein Ende, und seine Liebe ist grenzenlos!
Der Herr ist gut zu allen
und schließt niemanden von seinem Erbarmen aus,
denn er hat allen das Leben gegeben."

Darum sollen dich alle deine Geschöpfe loben.
Jeder, der dich liebt, soll dich rühmen
und weitersagen, wie großartig deine Königsherrschaft ist!
Sie sollen erzählen von deiner Stärke,
damit die Menschen erfahren, wie du deine Macht gezeigt hast
und wie prachtvoll und herrlich dein königliches Reich ist!
Deine Herrschaft hat kein Ende,
sie wird bestehen von einer Generation zur anderen!

Psalm 145, 3–13

Wir
in der Welt

Wach

Wachet, steht im Glauben, seid mutig und seid stark.

1. Korinther 16, 13

Kein Schlaf noch kühlt das Auge mir,
dort gehet schon der Tag herfür
an meinem Kammerfenster.
Es wühlet mein verstörter Sinn
noch zwischen Zweifeln her und hin
und schaffet Nachtgespenster.
Ängste, quäle
dich nicht länger, meine Seele!
Freu dich! Schon sind da und dorten
Morgenglocken wach geworden.

Eduard Mörike

Ein junger Mann kommt zu einem Rabbi mit der Frage: „Was
kann ich tun, um die Welt zu retten?" Der Weise antwortet:
„So viel, wie du dazu beitragen kannst, daß morgens die Sonne
aufgeht." „Aber was nützen dann all meine Gebete und meine
guten Taten, mein ganzes Engagement?" fragt der junge Mann.
Darauf der Weise: „Sie helfen dir, wach zu sein, wenn die Sonne
aufgeht."

Rabbinische Geschichte

Nichts bewahrt uns so gründlich vor Illusionen
wie jeden Morgen ein Blick in den Spiegel.

Aldous Huxley

Wer bittet: „Komm, Heiliger Geist", muß auch bereit sein zu
bitten: „Komm und störe mich, wo ich gestört sein muß."

Wilhelm Stählin

138

Gott, der Herr, gibt mir die richtigen Worte, damit ich erschöpfte Menschen zur rechten Zeit ermutigen kann. Morgen für Morgen weckt er mich, und dann höre ich zu: Der Herr lehrt mich wie ein Lehrer seinen Schüler. Ja, Gott, der Herr, hat mich bereit gemacht, auf ihn zu hören. Ich habe mich nicht gesträubt und bin meiner Aufgabe nicht ausgewichen.

Jesaja 50, 4.5

Der Sohn Gottes war kein Träumer. Ich bin, je älter ich werde, desto mehr überzeugt, daß seine Bergpredigt sehr viel nüchterner und praktischer und wahrhaftiger über diese Welt und uns Menschen Bescheid weiß als alle politischen und militärischen Programme.

Heinrich Albertz

Gott, der Herr,
rufe in uns alle guten Dinge und Gedanken,
die in uns schlummern durch die Jahrtausende
in Herz und Hirn und Leib und Seele,
wieder wach.
Alles, was wir oft vergessen
oder auch für unnütz halten,
oft auch gar nicht wollen,
das freundliche Wort und den guten Blick,
die einfache Weise, miteinander umzugehen,
als wäre jeder ein Stück vom anderen,
und ohne den einen gar nicht möglich.
Und nehme von uns die dunklen Gedanken
des Herrschens und des Kriechens
und das Rechthaben und alle Besserwisserei.

Hanns Dieter Hüsch

Angenommen _____

Willst du Beßre besitzen, so laß sie dir schnitzen.
Ich bin nun, wie ich bin, so nimm mich nur hin.

Johann Wolfgang Goethe

Ate hat recht, ich bin „unreif". Übrigens gefällt mir dieser
Vorwurf recht gut; ich mag nicht reif werden, das Wort hat für
mich ebensowenig Verlockung wie das Wort „weise". Vielleicht
meint Ate „vernünftig", aber auch darauf lege ich wenig Wert.
Ich weiß ehrlich gesagt überhaupt nicht, wie ich sein möchte.
Vielleicht hängt das damit zusammen, daß ich endlich anfange,
mich so zu akzeptieren wie ich bin.

Maxie Wander

Geliebt wirst du einzig,
wo du schwach dich zeigen darfst, ohne Stärke zu provozieren.

Theodor W. Adorno

Keinen Tag soll es geben, an dem du sagen mußt:
Niemand ist da, der mich hält.

Keinen Tag soll es geben, an dem du sagen mußt:
Niemand ist da, der mich schützt.

Keinen Tag soll es geben, an dem du sagen mußt:
Niemand ist da, der mich liebt.

Segne uns alle, allmächtiger Gott.
Wir brauchen deinen Segen, denn wir sind so verschieden
im Glauben, in der Farbe, in der Sprache.
Es ist manchmal schwer,
jeden so anzunehmen, wie er ist.
Wir tun uns auch schwer, die Art zu verstehen,
wie der andere lebt, wie er reagiert, was er ißt.
Schenke uns allen Verständnis füreinander.
Gib uns Mut, aufeinander zuzugehen.
Bewahre uns vor dem Fehler,
die Menschen in Gruppen einzuteilen.
Wir sind ja alle deine Kinder,
Brüder und Schwestern, eine Großfamilie,
und wollen es auch bleiben.

Aus Indien

Das ist, das Höchste erreichen,
das uns der Himmel vielleicht geben mag:
keine Bewunderungen noch Siege,
sondern ganz einfach angenommen zu sein,
als Teil einer nicht zu leugnenden Wirklichkeit,
wie die Steine und die Bäume.

Jorge Luis Borges

Einige Leute wollten auch ihre kleinen Kinder zu Jesus bringen, damit er sie berühre. Als die Jünger es sahen, fuhren sie
die Leute an und wollten sie wegschicken. Doch Jesus rief die
Kinder zu sich und sagte:
„Laßt die Kinder zu mir kommen und hindert sie nicht, denn
für Menschen wie sie steht Gottes neue Welt offen. Ich ver-
sichere euch: Wer sich Gottes neue Welt nicht schenken läßt
wie ein Kind, wird niemals hineinkommen."

Lukas 18, 15–17

Begabt

Jede Gabe ist auch eine Aufgabe.

Käthe Kollwitz

Wie wir an dem einen Leib viele Glieder haben, aber nicht alle Glieder denselben Dienst leisten, so sind wir, die vielen, ein Leib in Christus, als einzelne aber sind wir Glieder, die zueinander gehören. Wir haben unterschiedliche Gaben, je nach der uns verliehenen Gnade. Hat einer die Gabe prophetischer Rede, dann rede er in Übereinstimmung mit dem Glauben; hat einer die Gabe des Dienens, dann diene er.

Römer 12, 4–7

Das Abitur hatte ich in Lähn nicht geschafft. Viele nahmen später an, ich hätte es. Wenn ich gefragt wurde, habe ich nicht ja gesagt, aber auch nicht nein; ich habe es offengelassen. Wie ich dann immer mehr Akademiker persönlich kennenlernte, hatte ich kein so schlechtes Gewissen mehr. Und wenn mich jetzt jemand fragte, würde ich nur sagen: „Wer hat's nicht?"

Werner Finck

„Mein Sohn ist ein hervorragender praktischer Arzt, du solltest ihn unbedingt aufsuchen!" „Nicht nötig, ich bin kerngesund." „Trotzdem solltest du hingehen, er ist ja so begabt, er wird schon etwas finden!"

John, der immer freundlich und etwas erstaunt dreinblickte, war ein idealer Zuhörer für unerbittliche Denker. Daher hörte er manchen Satz, den sonst niemand hören wollte. Er blieb auch dann neugierig, wenn er nicht verstanden hatte. Fremde Gedanken erfüllten ihn mit Respekt. Freilich war er vorsichtig geworden. Gedanken konnten zu weit gehen.

Sten Nadolny

Wer hat euch Zugvögeln die Wissenschaft geschenkt,
daß ihr durch Land und Meere nie falsch die Flügel lenkt,
daß ihr die alte Palme im Süden nicht verfehlt,
daß ihr die alte Linde im Norden wieder wählt?

Zu einem Jahr Gefängnis wegen Diebstahls wurde ein Mann in Brasilien verurteilt, der weder lesen noch schreiben konnte. Im Gefängnis lernte er beides. Zwei Monate nach seiner Entlassung wurde er von neuem eingeliefert – diesmal wegen Urkundenfälschung.

Gott bewahre. Alles, was mit Grammatik und Examen zusammenhängt, ist nie das Höhere. Waren die Patriarchen examiniert oder Moses oder Christus? Die Pharisäer waren examiniert. Und da sehen Sie, was dabei herauskommt.

Theodor Fontane

Alle Hühner des Hofs versammelten sich, um über die Bedeutung des Sprichworts „Ein blindes Huhn findet auch einmal ein Korn" zu diskutieren. Trotz langer Diskussionen, kamen sie zu keinerlei Schluß. Am Ende behauptete ein Huhn, es handle sich um einen Druckfehler. Das Sprichwort müsse richtig lauten: „Ein blondes Huhn findet auch einmal ein Korn."

Luigi Malerba

Ich glaube nicht, daß Gott an Duplikaten von sich selbst interessiert ist. Sonst hätte er uns ja so schaffen können. Er ist interessiert an Originalen, die ihren eigenen Weg gehen und die durch ihre Selbständigkeit, Eigenart und ihre getroffenen Entscheidungen zu einem Gegenüber für ihn werden können.

Ulrich Schaffer

Selbstbewußt

Eine selbstbewußte Gesellschaft kann viele Narren ertragen.

John Steinbeck

Gute Leute sagen dir, wenn du nicht weiterkommst: Schuld ist das System! Sie wollen dir damit helfen. Aber? Hat das System einen Namen, eine Adresse, Telefon? Erkundige dich nach ihm. Verschiedene Leute werden dir verschiedene Erklärungen geben.
So begegnest du dem System auch in dir selber: Es hat sich da eingenistet und überzieht dich mit Ansichten, die dich unansehnlich machen, und sorgt dafür, daß du dich hilflos fühlst. Es spricht dich schuldig, bis du dich nicht mehr aushältst.
Und erst, wenn du das nicht mehr aushältst, das Gift der Selbstverachtung, und den Blick hochhebst und sagst: Warum ich?! Dann hast du dem System in dir den ersten Schlag versetzt.

Kaum hatte Jesus den Tempel betreten, da begann er, die Händler hinauszujagen und rief: „Gott sagt: ‚Mein Haus soll ein Ort des Gebetes sein', aber ihr habt daraus eine Räuberhöhle gemacht!" Jeden Tag lehrte er im Tempel, obwohl die Hohenpriester, die Schriftgelehrten und führenden Männer des Volkes nach einer passenden Gelegenheit suchten, Jesus umzubringen. Noch konnten sie nichts gegen ihn unternehmen, wenn sie nicht zugleich das Volk gegen sich aufbringen wollten, denn die Menschen hörten Jesus gern zu und achteten auf jedes seiner Worte.

Lukas 19, 45–48

Es kann die Ehre dieser Welt dir keine Ehre geben,
was dich in Wahrheit hebt und hält, muß in dir selber leben.
Wenn's deinem Innersten gebricht an echten Stolzes Stütze,
ob dann die Welt dir Beifall spricht, ist all dir wenig nütze.
Das flücht'ge Lob, des Tages Ruhm magst du dem Eitlen gönnen;
das aber sei dein Heiligtum: vor dir bestehen können.

Theodor Fontane

Plötzlich schüttelst du die Anpassung ab, weil Dienstag ist oder April; jedenfalls wird es dir zunehmend egal, was die anderen von dir halten. Du bist genau so dick oder dünn, wie du willst. Und dein Busen sitzt exakt an der Stelle, wo er sich im Laufe der Jahre niedergelassen hat. Du trägst nicht das, was du meinst, tragen zu müssen, sondern das, was du tragen möchtest. Dein Geld gibst du aus, wofür du willst, für Frauen aus Bosnien oder für ein Acrylbild deiner Freundin Christine. Du wählst, was du willst, erzählst, was du willst. Hinschaun, das tust du. Und zwar sehr genau, ob mit Brille oder ohne. Du durchschaust, bist endlich aufgeklärt, „helle".

Anne Rose Katz

Stefan sitzt in der Bank neben Melanie. Nur er sitzt neben einem Mädchen. Er sitzt gern neben Melanie. Die Jungen hänseln ihn. Sie sagen: Stefan ist verliebt in Melanie! Am liebsten möchte Stefan gar nicht mehr neben Melanie sitzen, obwohl er sie mag. Von wo wissen die, daß ich verliebt bin, denkt Stefan. Er weiß überhaupt nicht, was Verliebt-Sein ist.
Er fragt seine Mutter. Es kribbelt im Bauch und rumort in der Herzgegend, sagt sie. Mich sticht es in der Seite, sagt Stefan. Das kommt nicht von der Liebe, das kommt vom Fußballspielen, sagt die Mutter.
Diese Blödmänner, denkt Stefan, ich bin doch gar nicht verliebt in Melanie! Ich mag sie! Und fertig!

Karin Gündisch

Zu den Personen in Bert Brechts Schauspiel „Mutter Courage und ihre Kinder" gehört auch ein Feldprediger. Der sagt einmal zur Titelfigur: „Gott hat mir die Gabe der Sprachgewalt verliehen. Ich predige, daß Ihnen Hören und Sehen vergeht." Darauf antwortet Mutter Courage: „Ich möchte gar nicht, daß mir Hören und Sehen vergeht."

Nachdenklich ─────────────

Nachdenken: erinnern an morgen.

Ich war damals in jeder fremden Umgebung außerordentlich schüchtern, tat gewissenhaft und auch schnell, was von mir verlangt wurde, hätte oft gern mehr erfahren, fragte aber nicht. Nur an diesem Tag, einem Herbsttag vermutlich, denn es wurde während des Heimwegs schon dunkel, stellte ich zwei Fragen, von denen die zweite nur die Fortsetzung der ersten war.

Und was ist über den Sternen, fragte ich, als der Lehrer seine ganz unprogrammäßige Himmelskunde schon abgeschlossen hatte und nach dem Rechenbuch griff. Da sind, sagte er etwas ungeduldig, auch noch Sterne, ganze Sternsysteme, Sternennebel, das versteht ihr noch nicht.

Ich war dunkelrot geworden, und die anderen Kinder stießen sich an und lachten. Ich gab aber nicht auf, vielleicht ahnte ich schon, daß ich gleich etwas Entsetzliches erfahren würde, aber ich wollte es erfahren um jeden Preis. Der Preis war dann tatsächlich hoch, so etwas wie ein vollständiger Zusammenbruch – wer seine Kindheit noch nicht ganz vergessen hat, weiß, daß man solche Zusammenbrüche schon in sehr jungen Jahren erleiden kann.

Und darüber, fragte ich zitternd. Darüber ist nichts, sagte der Lehrer, nur eben der Weltraum, also nichts. Bei diesen Worten sah er mich böse an, er machte auch eine Bewegung mit der Hand, vielleicht tat er das ganz bewußt, und es war ihm auch bewußt, was er da wegfegte, nämlich einen ganzen Kinderhimmel, ein dickes Wolkenpodest, auf dem die heilige Dreifaltigkeit, die Engel und die Heiligen saßen.

Wir rechnen jetzt, sagte er, du kannst anfangen, und ich nahm mich zusammen, obwohl da eigentlich gar nichts mehr zum zusammennehmen war, ein Häufchen Unglück, Staub.

Marie Luise Kaschnitz

Menschen zum Vor-Denken zu bringen,
ist wichtiger als Nach-Denken.

Wolfgang Neuss

2 + 3 = 5 sagt Steff und 2 + 2 = 4. Wieviel, frage ich, ist 3 + 3?
Wart ein bißchen, da muß ich nachdenken, sagt Steff. Ich und
mein Vater reden von was anderem, da sagt Steff: Das ist 6. Ich
frage: Wie hast du das herausgebracht? Er sagt: durch das Nachdenken.
Ich: Wer hat dir das gesagt, daß man nachdenken muß? Niemand, sagt er, ich hab sagen hören Nachdenken und hab
gesehn, daß man den Kopf auf die Schulter legt und still sitzt
und das das Nachdenken ist. Ich hab ein komisches Nachdenken, ich rechne da immer ein bißchen. So, sage ich, also ein
bißchen Schwindel? Ja, lacht er, ein bißchen schon.

Bertolt Brecht

Wer sich vorgenommen hat, über das Gesetz des Höchsten
nachzusinnen, der muß die Weisheit aller Alten erforschen und
in den Propheten studieren. Er muß die Geschichten berühm-
ter Leute kennen und über die Sprüche nachdenken, was sie
bedeuten und lehren. Er muß den verborgenen Sinn der
Gleichnisse erforschen und mit Rätselsprüchen vertraut sein.

Jesus Sirach 39, 1–3

Manchmal sich selber anschauen, um nachdenken zu können.

Peter Handke

Achtsam _____

Wer achtsam ist, ist sich bewußt, was er denkt, redet und tut.

Mit fremden Menschen nimmt man sich zusammen,
da merkt man auf, da sucht man seinen Zweck in ihrer Gunst.
Allein bei Freunden läßt man frei sich gehn,
man ruht in ihrer Liebe, man erlaubt sich eine Laune;
und so verletzen wir am ersten die,
die wir am zärtlichsten lieben.

Johann Wolfgang Goethe

Ein Anruf für Sie, sagt
die Kollegin fassungslos
zu mir herüber: Wenn ich
recht verstanden habe,
aus dem Paradies.

Hörst du mich, so tönt es
leise aus der Muschel,
hast du mich noch lieb?
Und ob, sage ich, sehr,
gib acht auf deine Flügel!

Die Kollegin schaut entgeistert.
Es war mein Engel, sage ich.

Lothar Zenetti

Ich nehme jetzt gelassener wahr, wo ich herkomme, wofür ich
Verantwortung zu übernehmen habe, ohne eine mystische
Mitschuld wie einen Religionsersatz zu pflegen. Ich nehme
wahr, worauf ich, ohne aufdringliches Theater, in aller Ruhe
werde achtgeben müssen, bei mir selbst mehr als bei anderen.

Sten Nadolny

Die alten Lakota waren weise. Sie wußten, daß das Herz eines Menschen, der sich von der Natur entfernt, hart wird. Sie wußten, daß mangelnde Ehrfurcht vor allem Lebendigen und allem, was da wächst, bald auch zu mangelnder Ehrfurcht vor dem Menschen führen wird.
Deshalb achteten sie darauf, daß die jungen Menschen den weichen, warmherzigen Einfluß der Natur kennenlernten.

Luther Standing Bear

Mir waren die Blumen nie aufgefallen, bis ich mit einer Freundin Fußball spielte und den Ball in eines der Beete schoß. Meine Freundin lief sofort hin, hob den Ball auf, streichelte die umgeknickte Blume und gab ihr einen tröstenden Kuß. Ich war sprachlos. Und beschämt.
Es war mir nie in den Sinn gekommen, daß man mit Pflanzen ebenso umgehen konnte wie mit Menschen – aufmerksam, fürsorglich, liebevoll.

Maja Ueberle-Pfaff

Im übervollen Autobus zog ein Kind die Aufmerksamkeit auf sich, das mit unendlicher Sorge ein Stück Holz in der Hand trug. Eine Dame hielt es nicht länger aus. Sie fragte, womit dieses Holzstück soviel Sorgfalt verdiene.
Das Kind erklärte: „Ich führe eine kleine Ameise, meine liebste Freundin, spazieren. Das ist ihre erste Busfahrt."

Dom Helder Camara

Bei allem, was du tust, hab acht auf dich selbst; auch so hält man die Gebote. Wer dem Gesetz vertraut, achtet auf die Gebote; und wer dem Herrn vertraut, dem wird nichts fehlen.

Jesus Sirach 32, 27.28

Zuverlässig

Und morgen ist wieder ein Tag.

Föhnwind fiel ein, und der Schnee taute; er taute zwei Tage, und die Erde wurde sichtbar und begann zu duften, und über den Hof ging man wie über nasse Säcke. Niwre Rettamttirts will ich heißen, sagte ich zu meinen Söhnen, wenn heute nacht die Stare nicht kommen.

Meine Söhne nahmen mich beim Wort. Ich hatte leichtsinnig mit meiner Vater-Autorität gespielt. In der Nacht wurde ich mehrmals wach, ging ans Fenster und lauschte hinaus. Der Himmel war bewölkt, und ich hörte nicht den geringsten Laut von ziehenden Vögeln. Auch am Morgen vor meinem Arbeitsbeginn lauschte ich in die Dunkelheit, und es waren keine zuwandernden Vögel in der Luft.

Na, Vater, was ist mit den Staren? fragte mein Sohn Matthes am Frühstückstisch, aber da kam Ilja vom Pferdeputzen aus dem Stall und sagte: Leider, es wird nichts mit dem verrückten Namen; auf Nachbars Fernsehantenne sitzen zwei Stare.

Erwin Strittmatter

Gott ist unsere Zuflucht und Stärke,
ein bewährter Helfer in Zeiten der Not.
Darum fürchten wir uns nicht,
selbst wenn die Erde erbebt, wenn die Berge wanken
und in den Tiefen des Meeres versinken,
wenn die Wogen tosen und schäumen
und die Berge erschüttert werden.
Kommt und seht, was der Herr Großes getan hat!
In aller Welt bereitet er den Kriegen ein Ende.
Die Kampfbogen bricht er entzwei,
er zersplittert die Speere und verbrennt die Kriegswagen.
„Hört auf!" ruft er, „und erkennt, daß ich Gott bin!"

Psalm 46, 2–11 (in Auswahl)

Je mehr einer aufs Spiel setzen kann, desto größer sein Prestige. Sich selbst aufs Spiel setzen kann jeder. Als groß gilt erst, wer zu Hunderten, Tausenden andere Menschen, ganze Völker aufs Spiel setzt. Am größten wird, dieser Logik zufolge, derjenige sein, der gewillt und fähig ist, die Menschheit insgesamt aufs Spiel zu setzen. Wer immer er sein wird: Seine militärischen, politischen und wissenschaftlichen Berater sind, wie der Bildschirm täglich zeigt, ruhig argumentierende Männer mit verantwortungsbewußten Gesichtern. Sie werden, man siehts ihnen an, den höchsten Einsatz, den aller, erst anraten, wenn es unbedingt sein muß. Wir können uns darauf verlassen: Diese Männer werden am Tag, da es unbedingt sein muß, wohlerwogene Gründe dafür haben, um das lang Vorbedachte, das Unbedingte und Unwiderrufliche, ins Werk zu setzen.

Kurt Marti

Nicht mehr glauben an unsere Unmöglichkeit,
sondern nur noch glauben an seine Möglichkeit!
Nicht mehr sagen: Ich kann doch nicht beten, glauben, lieben,
sondern: Mit dir und durch dich kann ich es.
Und darum aufstehen und schlafen gehen,
leben und sterben mit der Bitte:
Tu, was du versprochen hast!
Komm und hilf meiner Schwachheit auf.
Auf dein Versprechen will ich heute neu anfangen,
zu beten, zu glauben, zu lieben und zu hoffen.

Helmut Gollwitzer

Versuche, die Welt aus den Angeln zu heben, haben mich nie gelockt. Wichtig und tröstlich war mir immer der Blick auf die Angeln, in denen sie sich bewegt und doch ruht.

Werner Bergengruen

Sorglos

Gott achtet dich, wenn du arbeitest,
aber er liebt dich, wenn du singst.

Rabindranath Tagore

Darum sage ich euch: Sorgt euch nicht um euer Leben, was
ihr essen und trinken werdet; auch nicht um euren Leib, was
ihr anziehen werdet. Ist nicht das Leben mehr als die Nahrung
und der Leib mehr als die Kleidung? Seht die Vögel unter dem
Himmel an: Sie säen nicht, sie ernten nicht, sie sammeln nicht
in die Scheunen; und euer himmlischer Vater ernährt sie doch.
Seid ihr denn nicht viel mehr als sie?

Matthäus 6, 25.26

Vögel singen in einer Welt, die krank, lieblos, ungerecht ist.
Vielleicht haben sie recht.

Andrea Schwarz

Sorglos eilen wir in den Abgrund, nachdem wir etwas vor uns
aufgebaut haben, was uns hindert, ihn zu sehen.

Blaise Pascal

Ich erinnere mich eines siebenjährigen Mädchens, das munter mit einem schönen Ball spielte. Der Vater folgte ihr aufmerksam mit den Blicken und sagte plötzlich mit leichtem
Seufzen: „Seliges Alter! Wie glücklich du bist, mein Kind!"
Die Kleine schnellte stolz empor, ließ ihr Spielzeug liegen und
rief: „Das ist nicht wahr. Ich habe eine ganze Menge Sorgen!"
„Sorgen?" unterbrach sie der Vater, über die seltsame Antwort
lachend, „was für Sorgen?"
„Das weiß ich nicht mehr. Ich habe sie vergessen, aber es ist
trotzdem wahr, daß ich sie habe."

Lauretta Reusi-Petrucchi

An einem Sommermorgen
da nimm den Wanderstab,
es fallen deine Sorgen
wie Nebel von dir ab.

Des Himmels heitre Bläue
lacht dir ins Herz hinein
und schließt, wie Gottes Treue,
mit seinem Dach dich ein.

Theodor Fontane

Die Erde hat ein freundliches Gesicht,
so groß, daß man's von weitem nur erfaßt.
Komm, sage mir, was du für Sorgen hast.
Reich willst du werden?
Warum bist du's nicht?

Joachim Ringelnatz

Jakob wälzt sich seit Stunden schlaflos im Bett. Schließlich
fragt seine Frau Sarah besorgt: „Was ist denn los, Jakob, warum
schläfst du nicht? Hast du Sorgen?" „Nein, nein." „Warum
wälzt du dich dann immer hin und her?" „Nur so." „Komm
schon, Jakob, was hast du?" „Na, morgen ist der 31." „Na und?"
„Dann muß ich zahlen." „Was mußt du zahlen?" „Goldberg
von gegenüber hat mir Geld geborgt, das wird morgen fällig."
„Na und?" „Na und, ich habe keinen Heller." „Und deshalb
schläfst du nicht?"
Sarah steht auf, öffnet das Fenster und ruft Goldbergs Namen
hinaus. Goldberg öffnet das Fenster. „Was ist denn los? Brennt
es bei Ihnen?" „Das nicht, Goldberg, aber stimmt es, daß Jakob
Ihnen morgen Geld zurückzahlen muß?" „Ja, das ist richtig."
„Er hat es aber nicht!"
Sarah klappt das Fenster zu und sagt zu ihrem Mann: „So, jetzt
ist es Goldberg, der nicht mehr schläft."

Geborgen

Wer bei sich selber nicht zuhause ist,
ist nirgendwo zuhaus.

Peter Horton

Der Herr ist mein Licht, er rettet mich. Vor wem sollte ich
mich fürchten? Bei ihm bin ich geborgen wie in einer Burg.
Vor wem sollte ich noch zittern und zagen?
Auch wenn sie einen Krieg gegen mich beginnen, bleibe ich
ruhig und zuversichtlich.
Um eines habe ich den Herrn gebeten; das ist alles, was ich
will: Solange ich lebe, möchte ich im Hause des Herrn bleiben.
Dort will ich erfahren, wie gut der Herr es mit mir meint, still
nachdenken im heiligen Zelt. Er bietet mir Schutz in schwerer
Zeit und versteckt mich in seinem Zelt.

Psalm 27, 1–5 (in Auswahl)

Die Apfelblüten tun sich langsam zu
beim Abendvers der süßen Vogelkehle.
Die Frösche sammeln sich am Fuß des Stegs.
Die Biene summt den Tag zur Ruh –
nur meine Seele ist noch unterwegs.
Die Straße sehnt sich nach der nahen Stadt,
wo in der Nacht das Leben weiterglimmt,
weil hier noch Herzen schlagen.
Wer jetzt noch kein Zuhause hat,
wenn ihn die Nacht gefangen nimmt,
der muß noch lange fragen:
Warum die Blumen leidlos sind –
warum die Vögel niemals weinen –
und ob der Mond wohl auch so müde ist –
und dann erbarmt sich leis ein Wind des einen,
bis er – im Schlaf – die Welt vergißt.

Wolfgang Borchert

Am Morgen bin ich gerne klein
und schlüpf in Mutters Bett hinein.
Danach bin ich dann wieder groß
und frag die Welt: „Was ist heut los?"

Angela Sommer-Bodenburg

Manchmal, für einen Augenblick,
halte ich ein,
mitten im Trubel des Tages,
schließe meine Augen und meine Ohren
und bin einen Augenblick glücklich:
Ich bin nicht allein,
du bist da, mein Gott!
Mittendrin.

Christa Weiss

Das Zuhause, das ist abgewandert aus dem Raum in die Zeit:
Wenn ich mit einem geliebten Menschen oder einem kleinen
Kreis von Menschen zusammen bin und plötzlich mein Ich
sich aufgehoben fühlt und einverleibt der Welt – was das
bedeutet, weiß ich mit allen Fasern, und wenn das Wir sich
ereignet, dann bin ich geborgen.

Luise Rinser

Einer fällt oft in die Grube, aber immer auf die Füße,
oft jemandem in die Hände, aber nie einem zur Last,
oft auf die Nase, nie auf die Knie,
allen in die Rede, keinem auf die Nerven,
gern mit der Tür ins Haus.
Immer wieder aus allen Wolken,
immer wieder in Gottes Hand.

Marie Luise Kaschnitz

Dankbar

Wer dich durch die Nacht führt, dem dankst du, wenn es tagt.

Aus Tansania

Zu Hause – ich bin zu Hause, Ernst, verstehst Du das? Und ich genieße unseren Garten, leg eine Platte auf, bereite uns ein gutes Essen, schau mir Danis Aufgaben an. Alles ist fremd und wie verzaubert. Wir wissen nicht, was wir haben, erst wenn die Wände zittern und der Boden unter den Füßen wankt, wenn die Welt einzustürzen droht, ahnen wir, was Leben bedeutet.

Maxie Wander

Die Worte eines alten Spirituals lauten so: „Dies kleine Licht, das ich habe, will ich leuchten lassen." Ich schlage vor, daß wir uns weniger mit der Frage befassen sollten, wo das Licht herkommt, und mehr Zeit darauf verwenden sollten, aktiv dankbar zu sein für das Geschenk des Lichts, indem wir „es leuchten lassen". Diese Dankbarkeit wäre eine Frömmigkeit, die sich in unserem Leben und Arbeiten auswirken wird.

Keith Jarrett

In euren Herzen regiere der Friede des Christus, denn er will, daß ihr in eurer Gemeinschaft eins seid. Er will, daß ihr dankbar seid. Laßt das Wort des Christus zwischen euch hin- und hergehen und behaltet davon einen Reichtum an Weisheit. Helft einander, es zu verstehen und Freude daran zu haben. Singt Psalmen und geistliche Lieder und preist Gott in euren Herzen für seine Freundlichkeit. Alles, was ihr tut in Wort und Werk, das tut so, daß dem Herrn Jesus damit gedient wird. Dankt dem Vater, indem ihr ihn, den Herrn, rühmt.

Kolosser 3, 15–17

Geduld ist die Brücke zur Dankbarkeit.

Statt zu klagen, daß wir nicht alles haben, was wir wollen,
sollten wir lieber dankbar sein,
daß wir nicht alles bekommen, was wir verdienen.

Dieter Hildebrandt

Ich glaube, die beste Definition des Menschen lautet:
undankbarer Zweibeiner.

Fjodor Dostojewski

Vielen Dank für die Wolken.
Vielen Dank für das Wohltemperierte Klavier
und, warum nicht, für die warmen Winterstiefel.
Vielen Dank für mein sonderbares Gehirn
und für allerhand andre verborgne Organe,
für die Luft, und natürlich für den Bordeaux.
Herzlichen Dank dafür, daß mir das Feuerzeug nicht ausgeht,
und die Begierde, und das Bedauern, das inständige Bedauern.
Vielen Dank für die vier Jahreszeiten,
für die Zahl e und für das Koffein,
und natürlich für die Erdbeeren auf dem Teller,
gemalt von Chardin, sowie für den Schlaf,
für den Schlaf ganz besonders,
und, damit ich es nicht vergesse,
für den Anfang und das Ende
und die paar Minuten dazwischen
inständigen Dank,
meinetwegen für die Wühlmäuse draußen im Garten auch.

Hans Magnus Enzensberger

Geschwisterlich _____

Einzeln sind wir Worte, zusammen ein Gedicht.

Georg Bydlinski

Was alle angeht, können nur alle lösen. Jeder Versuch eines einzelnen, für sich zu lösen, was alle angeht, muß scheitern.

Friedrich Dürrenmatt

Durch den Glauben an Jesus Christus seid ihr nun alle zu Kindern Gottes geworden. Jetzt ist es nicht mehr wichtig, ob ihr Juden oder Griechen, Sklaven oder Freie, Männer oder Frauen seid: In Christus seid ihr alle eins.

Galater 3, 26.28

Hier in der Gemeinschaft kann ein Mensch erst richtig klar über sich werden und sich nicht mehr als den Riesen seiner Träume oder den Zwerg seiner Ängste sehen, sondern als Mensch, der – Teil eines Ganzen – zu ihrem Wohl seinen Beitrag leistet. In solchem Boden können wir Wurzeln schlagen und wachsen; nicht mehr allein – wie im Tod –, sondern lebendig als Mensch unter Menschen.

Richard Beauvais

Der Weise betrachtet Himmel und Erde und alles, was sich dazwischen befindet, als eine große Einheit; er betrachtet alle Menschen unter dem Himmel, seien sie nah oder fern, als seine Schwestern und Brüder, da er weiß, daß wir alle derselben Quelle entspringen.

Yen Yüan

Als unser Hodscha noch ein Kind war, wurde er gefragt, wer älter sei, er oder sein Bruder. „Meine Mutter sagte mir vor einem Jahr, mein Bruder sei ein Jahr älter als ich. Demnach müßten wir jetzt gleichaltrig sein", entgegnete er.

Ein Mann hatte zwei Söhne, und als er starb, bekamen beide die Hälfte seines Landes. Der eine Sohn war reich, aber er hatte keine Kinder, der andere hatte sieben Söhne und war arm.
In dieser Nacht konnte der reiche Sohn nicht schlafen. Mein Vater hat sich geirrt, dachte er, denn ich bin reich, aber mein Bruder ist arm und hat kein Land für so viele Söhne. Und er stand auf und machte sich auf den Weg, um noch vor dem Morgengrauen die Grenzpfähle zu versetzen.
Auch der arme Sohn lag in dieser Nacht wach. Mein Vater hat sich geirrt, dachte er, denn ich habe meine sieben Söhne, aber mein Bruder ist einsam – und er stand auf und machte sich auf den Weg, um noch vor dem Morgengrauen die Grenzpfähle zu versetzen.
Als der Tag anbrach, begegneten sie einander. Ich sage euch, an dieser Stelle wird die Stadt des Friedens entstehen.

Huub Oosterhuis

Ein König trug in königlicher Laune einem Bettler das Du an. Da erst erkannte der Bettler, daß er ein Bettler ist.

In jedem Menschen kann mir Gott erscheinen.

Novalis

Großzügig ————————————

Gott, weil er groß ist, gibt am liebsten große Gaben.
Ach, daß wir Armen nur so kleine Herzen haben.

Angelus Silesius

Ach, was soll der Mensch verlangen?
Ist es besser, ruhig bleiben?
Klammernd fest sich anzuhangen?
Ist es besser, sich zu treiben?
Soll er sich ein Häuschen bauen?
Soll er unter Zelten leben?
Soll er auf die Felsen trauen?
Auch die festen Felsen beben.
Eines schickt sich nicht für alle!
Sehe jeder, wie er's treibe,
Sehe jeder, wo er bleibe,
Und wer steht, daß er nicht falle!

Johann Wolfgang Goethe

Mirjam geht mit Mama zum Weihnachtsmarkt. „Schau mal,
der weiße Teddy, den will ich haben, Mama." „Aber Mirjam,
ich kann nicht so viel Geld ausgeben. Wenn du ihn unbedingt
willst, dann wünsch ihn dir vom Weihnachtsmann." Am Weih-
nachtsabend liegt der Teddy tatsächlich unterm Weihnachts-
baum. Mirjam hebt ihn triumphierend hoch, drückt ihn an
sich und sagt zu Mama: „Siehst du, dir war er ja zu teuer!"

Ich bin tief einverstanden mit der Welt; tief einverstanden also
bin ich mit Gott, dem so viel eingefallen ist: der potenteste
aller Künstler, aller Wissenschaftler.
Das imponiert mir am meisten an ihm: seine Verschwen-
dungssucht, seine völlige Souveränität, seine Phantasie, sein
Alles-Sein. Ich liebe ihn um dessentwillen.

Luise Rinser

Nein – ein kurzes Wort mit langen Folgen.

Žarko Petan

Ich hatte einen Traum: Ein Mensch erschien vor dem Gericht des Herrn. „Sieh, mein Gott", so sprach er, „ich habe dein Gesetz beachtet, habe nichts Unredliches, Böses oder Frevelhaftes getan. Herr, meine Hände sind rein."
„Ohne Zweifel", antwortete Gott, „doch sie sind leer."

Raoul Follereau

Es war spät geworden. Da kamen die zwölf Jünger zu Jesus und sagten: „Es wird Zeit, daß die Leute gehen, damit sie in den umliegenden Dörfern und Höfen übernachten und sich etwas zu essen kaufen können. Hier gibt es doch nichts."
„Gebt ihr ihnen zu essen!" forderte Jesus sie auf. „Aber wir haben nur fünf Brote und zwei Fische!" entgegneten die Jünger. „Oder sollen wir etwa für all die Leute Essen besorgen?"
Es hatten sich etwa fünftausend Menschen um Jesus versammelt. „Sagt ihnen, sie sollen sich in Gruppen von je fünfzig Personen lagern!" ordnete Jesus an. Und so geschah es.
Jesus nahm die fünf Brote und zwei Fische, die ihm die Jünger gegeben hatten, sah zum Himmel auf und dankte Gott. Er teilte Brot und Fische, und die Jünger gaben sie an die Menge weiter. Jeder aß sich satt, und trotzdem blieb noch viel übrig: zwölf Körbe voll.

Lukas 9, 12–17

Der Clochard Mendel klopft an die Tür von Madame Ginsburg. „Madame, ich habe Hunger. Geben Sie mir etwas zu essen." „Aber ich habe ja fast gar nichts da. Wollen Sie vielleicht Buletten von gestern?" „Ja!" „Gut, dann kommen Sie morgen wieder."

Aufrichtig

Das Gewissen ist nicht delegierbar.

Martin Walser

Ein Mensch beweist uns klipp und klar,
daß er es eigentlich nicht war.
Ein andrer Mensch mit Nachdruck spricht:
Wer es auch sei – ich war es nicht!
Ein dritter läßt uns etwas lesen,
wo drinsteht, daß er's nicht gewesen.
Ein vierter weist es weit von sich:
Wie? sagt er, was? Am Ende ich?
Ein fünfter überzeugt uns scharf,
daß man an ihn nicht denken darf.
Ein sechster spielt den Ehrenmann,
der es gewesen nicht sein kann.
Ein siebter – kurz, wir sehen's ein:
Kein Mensch will es gewesen sein.
Die Wahrheit ist in diesem Falle:
Mehr oder minder warn wir's alle!

Eugen Roth

Es gehört Mut dazu, sich so zu geben, wie man wirklich ist.
Es gehört Mut dazu, sich von keiner kleinen Demütigung
loskaufen zu wollen, selbst wenn man's durch etwas Geheim-
nistuerei könnte, und nicht einen kleinen Zuwachs zur eignen
Größe durch Verschlossenheit zu erkaufen. Es gehört Mut
dazu, ganz ehrlich, aufrichtig, wahr zu sein.

Sören Kierkegaard

Johannes ist bei den Großeltern zu Besuch. Im Bad begegnet er Oma. Sie hat bunte Rollen im Haar, dicke und kleine. „Damit meine Frisur wieder schön locker wird", sagt sie. Nachdem die Lockenwickler raus sind und Oma sich kämmt und föhnt, sieht Johannes interessiert zu. Sie unterbricht ihr Tun: „Na, Johannes, wie gefällt es dir?" Er runzelt die Stirn, denkt kurz nach und sagt dann: „Oma, du hast dir sehr viel Mühe gegeben!"

Es gibt wenig aufrichtige Freunde. Die Nachfrage ist auch gering.

Marie von Ebner-Eschenbach

Alle Christen waren ein Herz und eine Seele. Niemand betrachtete sein Eigentum als privaten Besitz, sondern alles gehörte ihnen gemeinsam.
Ein Mann, er hieß Ananias, verkaufte zusammen mit seiner Frau Saphira ein Grundstück. Sie war damit einverstanden, daß er einen Teil des Geldes behielt und nur den Rest zu den Aposteln brachte. Aber Petrus durchschaute ihn. „Ananias", fragte er, „warum hast du es zugelassen, daß der Satan von dir Besitz ergreift? Warum hast du den Heiligen Geist betrogen und einen Teil des Geldes unterschlagen? Niemand hat dich gezwungen, das Land zu verkaufen. Es war dein Eigentum. Sogar das Geld hättest du behalten können. Wie konntest du nur so etwas tun! Du hast nicht Menschen betrogen, sondern Gott selbst."
Bei diesen Worten brach Ananias tot zusammen. Alle, die davon hörten, waren entsetzt.

Apostelgeschichte 4, 32; 5,1-5

Besser ist, es gibt Skandal, als die Wahrheit kommt zu kurz.

Martin Luther

Ausdauernd _____

Solange Glut ist, kann auch Feuer sein.

Eva Strittmatter

Gib nie einen Menschen oder die Hoffnung auf ihn lieblos auf, denn es könnte selbst der verlorene Sohn, der am tiefsten Gesunkene, doch noch gerettet werden, der erbittertste Feind, auch der, der dein Freund war, doch wieder dein Freund werden, die Liebe, die erkaltete, doch wieder entbrennen.

Sören Kierkegaard

NACH DEN WAHLEN

Jetzt ist die wilde Zeit vorüber,
nun hat die liebe Seele Ruh – –
des Bürgers Blick wird wieder trüber,
ihm fallen beide Augen zu.

Im Wahlkampf blusen die Trompeten
mit Pflichtgefühl und viel Getös –
Attacken selten, meist Retraiten –
er meint es nämlich nicht so bös.

Den Braven schüttelt ein Gehuste,
er kann nicht mehr, er ist so matt;
schon fehlt es an der nöt'gen Puste,
weil er sich überanstrengt hat.

Wir wollen ihn ins Bettchen stecken.
Er schläft, und die Regierung wacht...
So laßt ihn ruhen. Nur nicht wecken! –
Wir wünschen ihm 'ne Gute Nacht.

Kurt Tucholsky

Wie der Wächter in den Weingeländen
seine Hütte hat und wacht,
bin ich Hütte, Herr, in deinen Händen,
und bin Nacht, o Herr, von deiner Nacht.

Weinberg, Weide, alter Apfelgarten,
Acker, der kein Frühjahr überschlägt,
Feigenbaum, der auch im marmorharten
Grunde hundert Früchte trägt.

Duft geht aus von deinen runden Zweigen.
Und du fragst nicht, ob ich wachsam sei;
furchtlos, aufgelöst in Säften, steigen
deine Tiefen still an mir vorbei.

Rainer Maria Rilke

Wer aber beharrt bis ans Ende, der wird selig werden.

Matthäus 24, 13

Mit alten und neuen
Landschaften
neuen und alten Worten
verlorenen und wiedergefundenen
Freunden
leben

Blicke deuten
Vor dem Abgrund
die Augen nicht schließen

Sich mit Altem zufriedengeben
protestieren

Endlos
von neuem anfangen

Rose Ausländer

Gesegnet

Niemand empfängt einen Segen nur für sich selbst.

Friedrich von Bodelschwingh

FÜR EIN KIND

Ich habe gebetet. So nimm von der Sonne und geh.
Die Bäume werden belaubt sein.
Ich habe den Blüten gesagt, sie mögen dich schmücken.

Kommst du zum Strom, da wartet ein Fährmann.
Zur Nacht läutet sein Herz übers Wasser.
Sein Boot hat goldene Planken, das trägt dich.

Die Ufer werden bewohnt sein.
Ich habe den Menschen gesagt, sie mögen dich lieben.
Es wird dir einer begegnen, der hat mich gehört.

Günter Bruno Fuchs

Allmählich verwandelt das Mysterium des Lebens allen Kummer gewesener Tage in ruhige Heiterkeit. Anstelle des jugendlich heißen Blutes tritt der Friede demütigen klaren Alters. Jeden Tag preise ich den Aufgang der Sonne, und mein Herz jubelt mir wie früher zu.
Aber noch mehr liebe ich jetzt ihren Untergang, ihre langen schrägen Strahlen, die stille, sanfte, versöhnende Erinnerungen wachrufen, lichte Bilder aus meinem langen gesegneten Leben, und über all dem die Gerechtigkeit Gottes, die alles besänftigt, versöhnt und verzeiht.

Fjodor Dostojewski

Im übrigen meine ich, daß Gott uns das Geleit geben möge immerdar auf unserem langen Weg zu unserer Menschwerdung. Und er möge uns die vielen Streitigkeiten von morgens bis abends verzeihen. Das Hin- und Herlaufen zwischen den vielen Fronten, und all die Vorwürfe, die wir uns gegenseitig machen, möge er in herzhaftes Gelächter verwandeln und unsere Bosheiten in viele kleine Witze auflösen.

Er möge in unsere Stuben kommen und unsere Habseligkeiten segnen, unsere Tassen und Teller, die Kanne, die Zuckerdose und den Salzstreuer, die Essigflasche und den Brotkorb. Ja, er möge sich zu uns an den Tisch setzen und erkennen, wie sehr wir ihn alle brauchen, überall auf der ganzen Welt.

Hanns Dieter Hüsch

Der Herr denkt an uns und segnet uns.

Er segnet, die den Herrn fürchten, die Kleinen und die Großen.

Der Herr segne euch je mehr und mehr, euch und eure Kinder!

Ihr seid die Gesegneten des Herrn,

der Himmel und Erde gemacht hat.

Der Himmel ist der Himmel des Herrn;

aber die Erde hat er den Menschenkindern gegeben.

Die Toten werden dich, Herr, nicht loben,

keiner, der hinunterfährt in die Stille;

aber wir loben den Herrn

von nun an bis in Ewigkeit.

Halleluja!

Psalm 115, 12–18 (in Auswahl)

Quellenverzeichnis

Albertz, Heinrich: Am Ende des Weges, (c) 1989 Kindler Verlag, München 26, 32

Albertz, Heinrich: in: Walter Jens (Hrsg.): Assoziationen, Band 1, (c) 1978 by Radius-Verlag, Olgastr. 114, 70180 Stuttgart 120

Albertz, Heinrich: Störung erwünscht, Meine Worte zum Sonntag, (c) 1980 by Radius-Verlag, Olgastr. 114, 70180 Stuttgart 139

Alfons, Wilhelm: Rechte bei Hubert Heeg, Arbeitsgemeinschaft für Kath. Familienbildung e.V., Bonn 11

Andersen, Sigrid, in: Peter Spangenberg, Ermutigungen, Ein Lesebuch, (c) Agentur des Rauhen Hauses Hamburg GmbH, 1995 102

Ausländer, Rose: Ich höre das Herz des Oleanders, Gedichte 1977–1979, (c) S. Fischer Verlag GmbH, Frankfurt am Main, 1984 86, 103, 114

Ausländer, Rose: Im Aschenregen die Spur deines Namens, Gedichte und Prosa 1976, (c) S. Fischer Verlag GmbH, Frankfurt am Main 1984 26, 128, 165

Ausländer, Rose: Und preise die kühlende Liebe der Luft, Gedichte 1983–1987, (c) S. Fischer Verlag GmbH, Frankfurt am Main 1988 17

Ayim, May: Blues in Schwarz Weiß, Gedichte, Orlanda Frauenverlag, Berlin 1996² 90

Bach, Christine, in: Helmut Zöpfl: Dem Leben einen Sinn geben, Rosenheimer Verlagshaus, Rosenheim 1996 100

Bachmann, Ingeborg: An die Sonne, Werke Bd. 1, Piper Verlag GmbH, München 1978 56

Bachmann, Ingeborg: Auch ich habe in Arkadien gelebt, Werke Bd. 2, Piper Verlag GmbH, München 1978 111

Behrendt, Joachim-Ernst: Geschichten wie Edelsteine, Kösel, München 1996 92, 95

Biermann, Wolf: Nachlaß 1, Verlag Kiepenheuer & Witsch, Köln 1977 49

Biermann, Wolf: Alle Lieder, Verlag Kiepenheuer & Witsch, Köln 1991 87

Binkert, Dörte: Frauen, Thema: Schönheit, Sonderheft von Psychologie Heute, Beltz Verlag, Weinheim 68

Boff, Leonardo: Mensch geworden, Verlag Herder, Freiburg 1988³ 116

Bohren, Rudolf: Wiedergeburt des Wunders, Predigten, Gebete und ein Lied, Neukirchener Verlag, Neukirchen-Vluyn 1977² 24

Böll, Heinrich: Der Engel schwieg, Verlag Kiepenheuer & Witsch, Köln 1992 20

Bonhoeffer, Dietrich: Widerstand und Ergebung, (c) Chr. Kaiser / Gütersloher Verlagshaus, Gütersloh 1997¹⁶ 45

Borchert, Wolfgang: Das Gesamtwerk, Copyright (c) 1949 by Rowohlt Verlag, Hamburg 154

Borges, Jorge Luis, in: Buenos Aires mit Inbrunst, Gesammelte Werke 1, Gedichte: Benares, Carl Hanser Verlag, München 141

Böschemeyer, Uwe: Das Leben meint mich, SKV-Edition, Lahr 1996³ 15

Brecht, Bertolt: Gesammelte Werke, (c) Suhrkamp Verlag, Frankfurt am Main 1967 13, 49, 63, 145, 147

Bruners, Wilhelm: Rechte beim Autor 110

Buber, Martin: Die Erzählungen der Chassidim, (c) Manesse Verlag, Zürich 1949 65, 84

Busch, Wilhelm: Sechs Dutzend Spruchweisheiten, (c) 1998 Fackelträger Verlag, Oldenburg 127

Camara, Dom Helder: Auszug aus: Hoffen wider alle Hoffnung, (c) Pendo Verlag AG, Zürich 1981 149

Cardenal, Ernesto: Das Buch von der Liebe, Peter Hammer Verlag, Wuppertal, Neuauflage 1991 132

Ceelen, Petrus: Rechte beim Autor 22

Domin, Hilde: Gesammelte Gedichte, (c) S. Fischer Verlag GmbH, Frankfurt am Main 1987 93

Dönhoff, Marion Gräfin, in: Die Zeit Nr. 48, 24.11.1995 69

Drewermann, Eugen: Das Markusevangelium, (c) 1988 Walter Verlag, Zürich/Düsseldorf 91, 116

Strittmatter, Erwin: Schulzenhofer Kramkalender, Aufbau Verlag, Berlin/
Weimar 1966   74, 150
Christa Spilling-Nöker, in: Martin Schmeisser / Monika und Andreas Pfef-
fer: Laß meine Seele aufatmen, (c) Verlag am Eschbach, 1992   30
Strittmatter, Erwin: Einst hab ich drei Weiden besungen, Aufbau Taschen-
buch Verlag, Berlin 1996[4]   164
Mutter Teresa: Wie ein Tropfen im Ozean, Verlag Neue Stadt, München
1997   109
Tucholsky, Kurt: Gesammelte Werke, Copyright (c) 1960 by Rowohlt Ver-
lag GmbH, Reinbek   109, 164
Tzscheuschner, Irmtraud, in: Schenk dir Zeit, Evang. Presseverband für
Baden, Karlsruhe 1993[2]   132
Ueberle-Pfaff, Maja: Jeder Tag ist mein Tag, (c) 1998 by Scherz Verlag,
Bern, München, Wien   149
Veen, Herman van: Harlekijn Holland B.V., NL-Leersum   19
Wander, Maxie: Leben wär' eine prima Alternative, Deutscher Taschen-   77, 78,
buch Verlag, München 1994, Rechte bei Fred Wander   120, 127,
                                                                                                              140, 156
Wecker, Konstantin: Ehrenwirth Verlag, München 1990   75
Weiss, Christa, (c) Peter Hammer Verlag, Wuppertal   155
Weyrauch, Wolfgang: Rechte bei Margot Weyrauch   99
Wiesel, Ellie: Geschichten gegen die Melancholie, Verlag Herder, Freiburg
1998[4]   50, 82
Wohmann, Gabriele, Auszug aus: Schönes Gehege, Roman 1975, Rechte
bei der Autorin   128
Zenetti, Lothar: Manchmal leben wir schon, Auer Verlag GmbH, Donau-
wörth   88
Zenetti, Lothar: Rechte beim Autor   18, 54, 59,
                                                                                                              65, 76,
                                                                                                              107, 115,
                                                                                                              133, 148
Zink, Jörg: Unterwegs zur Weisheit, (c) Kreuz Verlag, Stuttgart 1989   97
Zöpfl, Helmut: Mei liaba Freund, Rosenheimer Verlagshaus, Rosenheim
1990   77, 106, 60
Zöpfl, Helmut: Wir haltn zsamm, Rosenheimer Verlagshaus, Rosenheim
1993   13
Zöpfl, Helmut: Geh weiter, Zeit, bleib steh!, Rosenheimer Verlagshaus,
Rosenheim   132
Zöpfl, Helmut: Zöpfls Nachtkastlbuch, Rosenheimer Verlagshaus, Rosen-
heim 1972   24
Zweig, Stefan: Silberne Saiten, (c) S. Fischer Verlag GmbH, Frankfurt am
Main 1982   125
Aus Chile: Ich bringe das Salz, Edition CON, Düsseldorf 1985   61
Rabbinische Geschichte: Heinrich Pera, in: Sterbende verstehen, Verlag
Herder, Freiburg 1998[3]   138
Materialien zum Stück »Mensch, ich lieb dich doch«, Rote Grütze, Verlag
Antje Kunstmann, München   144

Wir sind bemüht, jeweils die genaue Textquelle anzugeben. Leider ist das nicht in allen
Fällen möglich gewesen. Für Hinweise sind wir dankbar.

Bibeltexte

Lutherbibel, revidierter Text 1984, mit Genehmigung der Deutschen Bibelgesellschaft, Stuttgart	13, 21, 22, 23, 24, 27, 33, 75, 77, 87, 88, 98, 103, 108, 121, 132, 138, 147, 149, 152, 165, 167
Einheitsübersetzung der Heiligen Schrift, (c) 1980 Katholische Bibelanstalt, Stuttgart	11, 18, 29, 30, 39, 49, 64, 68, 79, 93, 101, 119, 125, 142
Hoffnung für alle, Das NT und die Psalmen, Brunnen-Verlag, Basel/Gießen 1991	17, 35, 44, 47, 55, 58, 60, 62, 81, 83, 90, 94, 96, 112, 123, 126, 130, 135, 139, 144, 150, 154, 158, 161, 163
Hoffnung für alle, Die Bibel, Brunnen Verlag, Basel/Gießen 1996	
Die Bibel in heutigem Deutsch, (c) 1982 Deutsche Bibelgesellschaft, Stuttgart	43, 50, 84
Gute Nachricht Bibel, revidierte Fassung, (c) 1997 Deutsche Bibelgesellschaft, Stuttgart	107, 111, 117, 141
Die Heilige Schrift des Alten und Neuen Testaments, 1931/1955, (c) Genossenschaft Verlag der Zürcher Bibel	14, 129
Das Alte Testament, ausgewählt, übertragen und in geschichtlicher Folge angeordnet von Jörg Zink, (c) Kreuz Verlag, Stuttgart 1966	66
Das Neue Testament, übertragen von Jörg Zink, (c) Kreuz Verlag, Stuttgart 1965²	52, 156
Anneliese Pokrandt / Reinhard Herrmann, Elementarbibel, (c) Verlag Ernst Kaufmann, Lahr / Kösel Verlag, München	71

Biblische Bücher und Eigennamen nach: Ökumenisches Verzeichnis der biblischen Eigennamen nach den Loccumer Richtlinien, Stuttgart

Verzeichnis der Bibelstellen

Mitarbeiterinnen und Mitarbeiter

An der Redaktion der Hefte
Für jeden neuen Tag 24–28 (1995–1999)
haben mitgearbeitet:

Christine Müller, Berlin

Paul Müller, Stuttgart

Wolfgang Musahl, Gifhorn

Martin Kallies, Lübeck

Renate Spennhoff, Stuttgart

Monika Volz, Magstadt

Rose Volz-Schmidt, Hamburg

Waldemar Wolf, Stuttgart